SANDRINE NATAF-OTSMANE

Élever son chien avec l'éducation positive et complice

LAROUSSE

Sommaire

Ce livre vous apportera des connaissances sur **les dernières données scientifiques du répertoire comportemental du chien**, fruits d'un travail sur le terrain, de recherches, de remises en question, de formations et de rencontres à travers le monde depuis de nombreuses années.

J'ai l'optimisme de **vouloir changer la qualité de vie des chiens et de leurs humains** parce que vivre avec cet animal est un privilège : nous sous-estimons tout ce qu'il peut nous apporter et nous offrir. On nous a enfermé dans des ultra-conditionnements limitant le chien à une machine d'obéissance dévouée à qui nous donnons des ordres qu'il doit exécuter sans que cela fasse sens pour lui, satisfaire nos désirs et nos exigences, subir notre méconnaissance ou au contraire nos connaissances empiriques. N'oublions pas tous les outils – parfois barbares – que nous avons créés pour obtenir de lui ce que nous voulons à tout prix. Mais qu'en est-il des conséquences physiques ou comportementales ?

Observez des chiens libres de leurs décisions : eux aussi doivent comprendre, analyser, choisir, improviser devant des situations nouvelles. J'ai pu le constater. Cette méthode de travail m'en a appris bien plus sur leurs différentes formes d'intelligence que si j'avais consacré mon temps à leur faire subir un dressage « impeccable », ce que je reconnais avoir fait il y a quelques années – et je demande à mes chiens de l'époque de m'en excuser !

Les recherches de ces dernières années ont révolutionné notre compréhension du chien : la science nous permet de mieux cerner ses besoins, ses attentes (et les nôtres !), ses compétences et sa vulnérabilité au sein de notre société. Néanmoins, s'en tenir à la théorie est insuffisant : nos pratiques quotidiennes doivent s'en imprégner. Or, qui de plus concernés que l'humain de compagnie du chien et les professionnels qui les entourent ? Si le sens de la science passe par le partage du savoir, celui-ci doit dépasser les frontières du théorique et être mis à l'épreuve de la pratique. Parce que de toutes petites choses peuvent tout changer pour un chien : osons savoir, penser, changer et agir ! Telle est la finalité de ce livre, nourri de ma **méthode d'éducation positive, complice, familiale et réconciliante, une nouvelle génération d'éducation canine, déposée à l'INPI en 2010.**

> « **Partager du savoir, c'est laisser le choix de penser, de mettre en acte sa liberté, d'exercer son libre arbitre, son esprit critique. C'est une invitation, une chance extraordinaire.** »

Votre chien et vous

Écouter le chien et son humain, c'est les faire exister

Boris Vian a dit : « Si on veut faire quelque chose de différent, il faut s'attendre à ne pas rencontrer la compréhension tout de suite. » Lorsqu'une nouveauté est découverte, le monde la qualifiera d'abord de ridicule, puis de dangereuse, pour enfin reconnaître qu'elle était évidente. C'est humain. Mais, après la lecture de ce livre, vous pourrez réfléchir autrement et ne plus laisser quiconque avoir une action sur votre chien qui ne vous semble pas en adéquation avec l'éducation que vous souhaitez. Nous nous devons de faire évoluer nos mentalités et nos pratiques pour un monde meilleur.

LA SYSTÉMIE : UNE APPROCHE NOUVELLE

- La systémie, renvoie à la vision d'une globalité : cela consiste à **comprendre et observer un ensemble**. On raisonne alors de façon circulaire, sans causalité directe : plusieurs causes peuvent conduire à une même conséquence.

Le saviez-vous ?

La systémie familiale définit l'ensemble des relations (conjugales, parentales, fraternelles, entre le chien et les membres de la famille). Leur interdépendance et leurs effets sur la dynamique familiale sont pris en compte. Ce n'est donc pas la personne seule qui décide du système, mais la dynamique des interactions familiales.

- Par exemple, la famille, le couple, les parents, la fratrie constituent autant de systèmes et sous-systèmes dont en découlent encore d'autres, le chien se situant à la fois au sein de chacun d'eux et auprès de chaque individu. C'est là toute la complexité et la richesse de la systémie. Nous sommes bien loin du schéma pyramidal basé sur la supériorité du chef de famille (homme) sur l'épouse, les enfants et les animaux, encore enseigné à ce jour dans des écoles pour professionnels (vétérinaires, comportementalistes, éducateurs canins, lycées agricoles...). Je vous laisse vous faire votre opinion sur ces enseignements basés sur une croyance obsolète et limitante.

SE REMETTRE EN CAUSE

- L'approche systémique est une approche visionnaire et révolutionnaire pour aborder une relation entre un humain et son animal. Cependant, elle est très rarement utilisée : elle est accusée, à tort et par méconnaissance, d'anthropomorphisme. Or, il s'agit d'une **approche scientifique et logique**. Aucun professionnel en contact avec l'animal ne devrait l'ignorer aujourd'hui. Mais pour certains, il est plus facile d'imposer un concept hiérarchique et archaïque, bien que linéaire, violent et dévastateur, car une approche systémique demande une adaptation du professionnel à chaque instant.

- On est bien loin de la « fiche recette » qui demanderait de manger avant son chien, de passer les portes avant lui, de le faire s'asseoir, se coucher, de lui interdire le canapé, etc. Il s'agit de procédés empiriques qu'il faut changer et faire évoluer pour **amener compétences et connaissances pour le bien-être de tous**.

- Gregory Bateson, fondateur de l'approche systémique, nous dit : « Les problèmes les plus importants en ce monde viennent d'une différence de la façon dont les hommes pensent et celle dont la nature fonctionne. » **Chaque famille, chaque chien est unique**. Et nous parlerons alors de ce chien-là, dans cette famille-là, dans ce contexte-là. Si on modifie l'un des paramètres dans le système, l'individu ne présentera pas ou plus le même comportement, ou en proposera un autre. Ainsi, en présence de l'éducateur canin comportementaliste, le chien et son humain de compagnie peuvent adopter un comportement différent.

- Trois grandes règles émergent lorsqu'on observe les membres d'une famille (ou d'un système) :

1. On ne peut pas ne pas communiquer.
2. La communication ne prend sens que dans un contexte donné, une situation précise.
3. Les communications verbale et non verbale coexistent. Mais un enfant ou un animal sera plus attentif au non verbal qu'un adulte.

L'humain est là pour aider son chien à grandir, à s'épanouir, à se construire, à se structurer, à évoluer – et non pas à se soumettre. Il lui faut du temps pour apprendre les codes de notre monde. Par exemple, quand j'appelle mon chien, « Maestro, tu viens me voir ? », je poursuis avec une félicitation verbale, « C'est bien, tu viens me voir », afin qu'il soit accompagné dans son effort. **Des études montrent que la motivation est bien plus importante lorsque l'individu se sent encouragé et soutenu.**

Amour et complicité, apprendre l'un de l'autre

Le chien, dans notre aventure affective, nous procure présence, complicité et échange. Il nous sécurise et nous apporte beaucoup dans notre univers physique et mental. Les relations que nous nouons avec lui sont simples, spontanées et sans ambivalence ; elles nous aident à explorer le monde.

TROUVER SA PLACE

Le chien trouve sa place au sein de notre niche sensorielle et affective et nous apporte stimulations sensorielles, sens de l'ouverture à l'autre, du respect et de l'écoute. Cette relation sans égale ne peut se développer qu'avec une **confiance mutuelle**. Le chien n'est pas une machine réduite à des stimuli-réponses, il est capable de conférer du sens et *ses* sens au monde. L'attachement est un formidable tuteur de résilience. Il est la base d'une relation. Procurer un environnement riche et varié permet de **préparer aux apprentissages et au bon développement du chien mais aussi de notre relation**. Car nos expériences quotidiennes avec le chien aussi bien que des circonstances nouvelles, comme des soins chez le vétérinaire, sont des situations qui évaluent chaque jour la qualité de notre lien de confiance. En effet, ce lien fort permet à notre compagnon d'explorer, d'apprendre et de découvrir de manière sécurisante, même – surtout ? – dans les difficultés.

UNE CLÉ DE COMPRÉHENSION : LA PROPRIOCEPTION

La proprioception désigne **l'ensemble des récepteurs**, voies et centres nerveux impliqués dans la perception, consciente ou non, de la position relative des parties du corps. Cela permet de savoir où sont et que font les différentes parties de notre corps. C'est le contrôle inconscient des ajustements lors du déplacement du corps. Certaines maladies ou autres problèmes physiques ou physiologiques peuvent diminuer le sens de la proprioception, comme une prise de poids, une perte de poids ou bien la croissance. La plupart des chiens ont une mauvaise perception de leur propre arrière-train, par exemple. Vous vous demandez peut-être quel est le rapport entre cette notion physique et la relation que vous développez avec votre compagnon ? La proprioception induisant certains comportements, en avoir conscience permet de mieux comprendre les choix et les attitudes de votre ami canin.

Le saviez-vous ?

Ma méthode d'éducation canine repose sur le rôle de l'**ocytocine**, cette hormone de l'amour et de l'attachement sécrétée lors du temps passé avec le chien : lorsqu'il reçoit des compliments, des marques d'intérêts et de gentillesse ainsi que des contacts affectueux, il sécrète cette hormone en plus grande quantité, l'amenant à du bien-être.

MON EXPÉRIENCE

Je me rappelle un déplacement effectué avec un de mes chiens, Maestro. J'avais loué une maison abritant un escalier ajouré en colimaçon. En mon absence, mon chien était monté à l'étage. Mais il n'arrivait pas à en descendre car il avait peur de tomber et ne savait pas du tout comment aborder sa descente. Maestro pèse 38 kg, il m'était donc impossible de le porter.

Pour gérer cette crise, j'ai tenu compte de sa proprioception, analysé la situation et tenté plusieurs choses : prendre sa laisse, l'inciter à descendre par la voix en bas de l'escalier, mais rien n'y faisait. Ses gémissements exprimaient sa peur, ce qui ne lui ressemblait pas, lui qui est habituellement autonome.

Je me suis assise près de lui, en haut de l'escalier, et j'ai senti à ce moment-là qu'il avait simplement besoin de moi, de mes encouragements, que je croie en lui, le guide, le rassure, sois présente à ses côtés durant cette difficulté que lui seul pouvait résoudre.

Il posait une patte avant sur la première marche, puis revenait en arrière. J'ai compris qu'il avait besoin que je lui laisse du temps. Je suis donc restée assise et je suis descendue marche par marche en fonction de son rythme. J'ai sécurisé le côté le plus dangereux de l'escalier mais je l'ai laissé faire sur certaines marches. J'ai accepté ses demi-tours. Il s'en remettait à lui-même mais avait aussi besoin de ma présence pour le faire. J'ai accepté cette pause dans mon emploi du temps pour qu'il puisse y arriver.

Voilà le sens de la confiance, de l'écoute et du respect mutuels. Nous y sommes arrivés ensemble. Sans leurres alimentaires, sans menaces, sans rapport de force. Il m'avait attendue en haut de l'escalier, car il savait qu'il allait utiliser mes connaissances pour affronter cet escalier.

La qualité relationnelle est l'indispensable et unique ressource pour amener nos chiens à être à notre écoute. Il existe donc un besoin fondamental : être la **figure d'attachement et de sécurité** *de son chien. Un attachement multiple est possible si l'on vit en famille. Ceci dit, on observe que la personne qui passe le plus de temps avec le chien et le sort en balade sera la figure d'attachement référente.*

UNE ÉCOUTE À DOUBLE SENS

Les chiens, comme les humains, peuvent abstraire et extraire des données du flux incessant d'informations des expériences vécues pour les structurer et les réutiliser, afin d'adapter leur comportement au quotidien. Quand chacun trouve sa place et respecte l'autre, la relation peut s'épanouir dans la confiance, le respect, le dialogue et la communication au profit de tous les acteurs : propriétaire, chien, éducateur, comportementaliste...

Une relation devient passionnante quand chacun est dans l'accueil de ce qu'est l'autre, le non-jugement et la volonté de s'enrichir mutuellement et de grandir ensemble. Saviez-vous que les chiens enseignent avec pédagogie et empathie aux autres chiens des comportements pour que tout se passe au mieux dans le groupe ?

MON EXPÉRIENCE

Lorsque j'accueille à la maison un chien en garde éducative, Maestro, mon chien, repère rapidement si son congénère a des difficultés avec le partage de ressources. Chez moi, dans la salle à manger, je laisse à disposition des chiens une corbeille où se trouvent de multiples objets de mastication (je vous en parle plus longuement p. 61) afin que chacun puisse choisir, trier, renverser ou balader la boîte. On apprend le ***partage*** *et le* ***respect*** *de ce qui est à l'autre. Une scène se joue souvent : Maestro prend un sabot et se couche ; l'autre chien s'approche, aboie pour exprimer sa frustration, souhaite prendre l'objet. Dans ce cas, mon incroyable assistant accélère sa mastication, fait plus de bruit, grogne pour prévenir que le comportement n'est pas acceptable. Le chien-élève insiste et négocie. Maestro se fâche et l'exprime par des contacts physiques, des vocalisations plus graves et plus intenses, sans jamais faire perdurer l'altercation.*

Tous les jours, il reprend ces séances d'éducation. Et puis, lorsqu'il estime que le chien-élève a progressé, il lui donne le sabot en le déposant sous sa gueule. Ce dernier finit par le prendre délicatement, tout étonné. Les jours suivants, Maestro suspend ses « leçons ». Il estime que la ***gestion émotionnelle,*** *la* ***maîtrise de la frustration*** *et le* ***goût du partage*** *sont un apprentissage. Dès que je le vois reprendre ses séances, je sais que le chien-élève doit encore progresser car l'apprentissage n'est pas linéaire, il peut y avoir des régressions.*

Il vous regarde, apprenez à l'observer

Le chien est un fin observateur : il passe son temps à vous regarder pour mieux vous comprendre, lire vos expressions, déchiffrer le non verbal, décrypter vos intentions et vos attentions, afin de pouvoir également exploiter ces informations.

DÉCHIFFRAGE ÉMOTIONNEL

- Le chien est capable d'apprendre en observant. De même que lorsque vous étiez enfant, vous avez observé votre entourage et votre environnement pour apprendre à parler et marcher sans qu'on ne vous ait donné des cours. Cela a suffi pour vous lancer : vous avez chuté, bafouillé, recommencé... Vous avez essayé encore et encore pour finir par réussir.

Prenons un exemple : votre chien saute et aboie pour mettre sa laisse et sortir en balade. Vous lui demandez de s'asseoir et il le fait. Vous pensez alors qu'il a compris qu'il ne faut pas sauter et aboyer à la vue de sa laisse. Qu'en est-il lors de votre prochain départ en balade ? Ce comportement se reproduit-il ? La réponse est oui ! Parce que vous avez seulement appris à votre chien à s'asseoir à travers un conditionnement, un dressage. Certes, vous êtes satisfait d'avoir assis votre autorité sur lui, mais est-ce vraiment ce que vous vouliez ?

- Le chien a-t-il besoin d'être dans une position spécifique pour comprendre ce que l'on souhaite ? Et si notre chien n'avait pas du tout compris ce que nous attendons de lui ? Et si notre communication verbale et non verbale n'était pas lisible pour lui ? Et s'il n'était pas conformé physiquement pour s'asseoir à répétition ? Et si, par ses refus, notre chien essayait de nous expliquer des douleurs ou des difficultés ? **Apprenons à le regarder et à l'écouter *autrement*, à repenser son éducation**.

COMPRENDRE RÉELLEMENT SON CHIEN

- Au lieu de vouloir régler une problématique avec une solution toute prête, et si nous respections le vivant, si nous apprenions à comprendre le chien dans sa globalité ? **Le chien est un individu unique à part entière qui évolue dans une systémie unique : votre famille**. Un éducateur comportementaliste aura donc besoin de rencontrer ce chien dans son système de vie, de comprendre les interactions qui le lient à ses humains pour pouvoir ensuite le laisser être un acteur dans son éducation et utiliser toute son intelligence et ses compétences cognitives.
- Pour résoudre la problématique à laquelle vous vous trouvez confronté, il faut comprendre pourquoi votre chien se comporte ainsi et quelle réaction vous adoptez face à lui. Le rôle des éducateurs comportementalistes est de vous guider, de vous accompagner, vous et votre chien, pour pouvoir trouver la solution qui vous convient. Nous sommes donc bien loin du dressage. L'éducation canine autrement, c'est du bien-vivre ensemble avec un cadre qui permette l'expression d'un plaisir partagé à apprendre et à construire ensemble.

De l'importance de l'activité physique

Des études montrent que la position assise au bureau est à éviter pour le bien-être au travail, mais aussi parce que la station debout, voire la marche, est bien plus productive pour les humains. Il nous faut donc établir pour nous, comme pour nos chiens, les liens entre notre activité physique et nos capacités de raisonnement.

Tricoter la relation humain-chien

Si nous ne changeons pas notre regard sur ce formidable compagnon animal, nous ne changerons pas notre relation avec lui. Un chien n'a pas à « obéir », pas plus qu'il ne se « dresse » : il coopère, participe, partage, aide, prend des initiatives.

COOPÉRATION ET QUALITÉ RELATIONNELLE

- Et si vivre avec un chien, **c'était apprendre de nous-même** dans cette relation que nous construisons jour après jour à ses côtés ? Et si nous apprenions **avec lui, grâce à lui, pour lui**, à « tricoter » maille par maille la vie, à appréhender les situations, à s'adapter à la nouveauté, aux imprévus, aux rencontres ? À partager, à faire des erreurs, à se méfier parfois, à apprendre le renoncement, à gérer la frustration ?
- Eh bien nous voilà dans un **joli tricot à fabriquer à deux** : que le chemin de l'apprentissage et de la vie à parcourir avec cet ami promet d'être beau – parfois compliqué aussi, certes – mais unique et incroyable si on parvient à y poser un nouveau regard, bienveillant et bien traitant !

APPRENTISSAGE, CONFIANCE ET ACCOMPAGNEMENT

- Plus le chien se sent en sécurité aux côtés de son humain, plus il peut tolérer l'éloignement de l'autre, et donc la solitude ou le courage d'explorer le monde. Cette **notion de sécurité** et **la communication** s'acquièrent et se forgent dans la qualité des interactions. C'est ce qui va faciliter l'apprentissage à la solitude de votre chien, indispensable pour que celui-ci attende patiemment lorsqu'il est seul à la maison. Il existe des profils comportementaux différents d'un chien à l'autre. Et tous les chiens sont capables d'apprentissages, qui les façonnent, les développent et les structurent de façons différentes.

Le saviez-vous ?

Un chien peut apprendre de nouveaux comportements toute sa vie, rien n'est figé dans le temps !

Une relation résiliente

J'ai eu la chance de croiser Boris Cyrulnik, célèbre neuropsychiatre, à la sortie d'une conférence. Je souhaitais lui poser la question suivante : « Pour moi les chiens – les animaux de façon générale – sont des êtres résilients et capables de résilience. Je voulais votre confirmation ? » Sa réponse a été rapide et sans équivoque : « Bien sûr, c'est évident. »

L'ESSENTIEL DE LA RÉSILIENCE

- La résilience consiste à **continuer à se développer après un traumatisme, mais différemment.** Selon Boris Cyrulnik, l'individu ne poursuivra pas son évolution dans l'exact prolongement d'avant l'atteinte traumatique.

- Prenons l'exemple d'un incendie : la faune et la flore sont détruites. Pourtant, quelque temps après, la nature reprend ses droits ; la végétation repousse et la faune revient, avec d'autres espèces. C'est tout un écosystème qui se remet en place. Cette nouvelle organisation n'est pas forcément plus forte que l'ancienne, ni plus fragile, elle est juste différente. Pour un être vivant (humain ou chien), le mécanisme est le même et prend diverses formes.

SÉCURITÉ AFFECTIVE ET DÉVELOPPEMENT

- Dans le film ***Pierrot le Fou***, Jean-Paul Belmondo demande à Anna Karina : « Pourquoi tu as l'air triste ? » Elle lui répond tristement : « Parce que tu me parles avec des mots et, moi, je te regarde avec des sentiments. » De fait, notre bonheur dépend d'une bonne relation et de la qualité du lien. Nous avons besoin des autres pour devenir nous-même. Et cet autre est parfois notre chien. La relation que nous entretenons avec lui se doit d'être réciproque, à la fois rassurante, sécurisante, réconfortante et apaisante. Nous devenons alors parfois des tuteurs de résilience mutuelle.

- L'hormone de l'attachement, l'ocytocine, inhibe l'hormone du stress, le cortisol. De sorte que les individus sécurisés dans leur lien d'attachement sont plus à même de gérer leur stress et de réguler leurs émotions. Les neurones miroirs sont activés plus efficacement lors de vrais contacts et d'interactions réelles. La transmission des savoirs et le développement des compétences seront ainsi toujours plus efficaces en présence d'un individu démonstrateur. L'humain se doit donc d'être ce guide relationnel.

- Il existe un **lien fort entre attachement et partage des émotions**. Le chien est un formidable partenaire, un modèle, un véritable tuteur de résilience. Plus son fonctionnement cognitif est riche, plus on le laisse prendre des initiatives et faire des choix quand cela s'avère possible. Il sera aussi plus efficace et aidant en tant que régulateur des émotions de son humain, ainsi que dans sa relation avec ses congénères. Enfin, il disposera d'une stabilité émotionnelle.

Le comprendre pour mieux l'aimer

La culture chien

Comment nos chiens perçoivent-ils notre monde, notre environnement, nos proches, nos habitudes ? Je vous propose d'adopter leur point de vue !

PENSER CHIEN

- Commençons par nous arrêter sur une notion essentielle, l'**umwelt**. Ce terme scientifique et éthologique désigne le monde propre à chaque espèce, à chaque individu.

Cas pratique : vous faites une balade avec votre chien. Certains de vos sens sont en éveil : vous admirez les arbres et évitez de marcher dans des flaques d'eau. Mais **votre chien, lui, perçoit tout à fait différemment son environnement**. Il s'arrête pour sentir les pieds des arbres où des congénères ont laissé un message olfactif et il est ravi de courir dans une flaque d'eau, voire de s'y coucher.

Réaction courante : vous grondez votre chien pour ce comportement, pour ce que vous pensez être « son bien », c'est-à-dire le protéger des microbes. Seulement, voilà, selon sa perception du monde, il ne peut pas comprendre votre mécontentement.

- Voici un exemple d'incompréhension qui peut altérer la qualité de la relation si la situation se reproduit souvent.

Mon conseil : afin d'être juste, vous pouvez laisser votre chien se rouler de temps en temps dans les flaques d'eau. Mais si vous constatez que le renoncement et la gestion de la frustration sont des acquis consolidés, vous pouvez lui demander verbalement de ne pas aller dans l'eau : « Maestro, tu laisses la flaque ? »

- Cette demande ponctuelle n'est possible et réalisable que si tous les besoins du chien sont comblés. Dans le temps, elle sera satisfaite de plus en plus rapidement et sans difficulté grâce à la qualité de la relation que vous entretenez tous les deux.

- Il vous faudra **trouver le bon équilibre** : d'un côté, vous lui demanderez de s'adapter à vos conditions de vie, de l'autre, vous saurez comprendre *sa* perception de *notre* monde. En un mot, vous saurez **le comprendre pour mieux l'aimer.**

À QUOI PENSE LE CHIOT ?

« L'humain se gare dans la cour et vient nous voir. Nous sommes neuf chiots dans la portée, auprès de notre maman, tous curieux de voir cet humain que nous n'avons jamais rencontré. Celui-ci nous observe, il fait son choix. Tout à coup, il me prend dans ses bras et se rend dans le bureau de l'éleveuse pour faire les papiers. Mes frères, mes sœurs et ma maman m'appellent, je ne suis plus là, et ce n'est pas normal. Mais je ne peux pas retourner avec eux. Je suis dans la voiture qui démarre vers une nouvelle vie. Je suis seul, sans ma famille, sans la sécurité de l'éleveur et du lieu de l'élevage, sans mes repères.

Cet humain est pour moi un inconnu, il ne représente pas encore une figure d'attachement. Et puis, la seule fois où j'ai pris la voiture, c'était pour aller chez le vétérinaire. J'y ai reçu un vaccin, j'ai eu peur, j'ai eu mal, j'y ai senti des odeurs inquiétantes. Ma mémoire associative se met en route. Me ramène-t-on là-bas ? J'appelle à l'aide !

La voiture s'arrête et l'humain me met un collier autour du cou et une laisse courte. Il me pose dans l'herbe pour faire une pause. Je n'ai jamais porté de collier, ça me gêne, alors je ne cesse de me gratter. L'humain veut me faire marcher, mais, moi, j'ai besoin de m'asseoir, de saisir les informations de mon environnement. L'humain tire sur la laisse, je refuse d'avancer et je tire à l'opposé. Finalement, je reprends la voiture. Encore ! Je suis malade et j'ai peur ! Mais enfin, nous voilà arrivés.

L'humain et moi rentrons dans un bâtiment inconnu dont il ouvre la porte. Il me pose au sol, mais... c'est un sol brillant, lisse, glissant. Je ne connais que l'herbe de mon élevage et le béton de mon box. Si seulement ma famille canine était là, elle me montrerait. Et puis je n'en peux plus : j'urine, ma vessie était pleine. Et j'ai eu tellement d'émotions en quelques heures... L'humain me lance un « non ! » ferme, mais je ne pouvais pas faire autrement. Ce soir, je dormirai seul dans la cuisine...

Avec le temps, je m'adapterai à cette nouvelle vie, je m'attacherai à mon humain de compagnie, je chercherai à lui faire plaisir, j'apprendrai ce qui est permis et ce qui est interdit, mais ce ne sera pas sans mal : pour le moment, il a l'air perdu parmi tous les conseils qui lui ont été donnés ! »

UNE CULTURE QUI DOIT ÉVOLUER

- La culture, c'est l'ensemble des connaissances et des savoir-faire propres à un groupe, à une espèce. Elle se transmet socialement, de génération en génération, et conditionne en grande partie les comportements individuels. Nos chiens d'aujourd'hui n'ont plus la même place dans nos foyers et n'ont plus les mêmes « fonctions » que les chiens d'hier. Aujourd'hui, nous pouvons d'ailleurs parler de chiens « familiers ». Nous mettons tout en œuvre pour leur apporter un confort et une qualité de vie au quotidien. Mais nous leur proposons beaucoup moins de sorties et de temps à l'extérieur, nous leur offrons également bien moins de liberté et de rencontres.

- Notre culture occidentale nous a fait croire que l'homme se doit de dominer la nature et les animaux. Or il s'agit d'une représentation destructrice. Le vivre-ensemble, ce n'est pas écraser les autres, c'est se respecter, se comprendre, s'écouter, s'apprendre, s'aimer mutuellement...

L'importance des activités adaptées

Avons-nous bien réfléchi aux efforts physiques que nous demandons aux chiens ? Aux conséquences des activités que nous leur proposons sur leur physique et leur santé ?

BALADER SON CHIEN : UNE ACTIVITÉ ESSENTIELLE

- Avoir un chien et s'en occuper ne devrait pas consister à lui proposer des activités physiques excitantes et de rapidité – qui sont le loisir de l'humain avant tout. Un chien sauvage se baignera pour se rafraîchir, pour chasser, mais ne se jettera pas à l'eau pour récupérer un bâton. Si lors de la poursuite de sa proie dans une forêt il rencontre un tronc d'arbre au sol, il le contournera et sautera par-dessus seulement s'il n'a pas le choix.

- L'activité indispensable à un chien reste la balade qui lui offre : la **nouveauté**, l'**exploration de l'environnement** et la **rencontre avec des congénères**. Les interactions sociales devraient être la priorité pour le chien – et l'humain aussi, d'ailleurs !

- Priver un chien de balade peut avoir des conséquences désastreuses, notamment une **privation sensorielle** et une **désocialisation**. Toutes deux vont produire des individus avec de terribles manquements et handicaps dans la communication et l'adaptation à l'environnement. Cela mène à des **comportements inadaptés** tels que des aboiements de peur, de l'agressivité et une incapacité à gérer des frustrations lors des interactions avec des congénères. Lors des balades, le chien doit en effet partager différentes ressources (odeurs, bassin...). Il doit aussi gérer la statique lorsque son propriétaire discute dans la rue, par exemple. Mais pour réaliser ces apprentissages, il lui faut apprendre des autres !

Le saviez-vous ?

Les activités physiques pratiquées par le chien après l'agility (il s'agit d'un parcours d'obstacles) sont :

- le lancer de balle : 70,2 %
- le jogging : 33,8 %
- la natation : 32,5 %
- le vélo (avec le chien attaché au vélo) : 17,1 %

D'après « La préparation physique du chien d'agility », thèse vétérinaire de Marion Coley, 2012.

UN LIEN ENTRE STRESS ET DOULEUR PHYSIQUE

- *L'étude* : Anders Hallgren, chercheur à l'université de Stockholm, a mis sur pied une première étude nationale en Suède en 2003 pour **identifier les causes de troubles communs chez le chien**. Pour mener à bien cette enquête, il a fait appel à des propriétaires de chien, des béhavioristes, des chiropraticiens et des ostéopathes. Plus de quatre cents chiens de différentes races ont été à la source des données récoltées.

- *Les chiffres* : cette étude révèle que les **troubles physiques** ont très souvent des répercussions négatives sur le comportement des chiens : 42 % des chiens présentaient des conduites agressives, d'excitation ou de stress ; 13 % d'entre eux présentaient des conduites réservées ou craintives ; 19 % étaient agressifs, excités ou stressés ; 11 % étaient craintifs. Les résultats montrent aussi que 79 % des chiens agressifs et 69 % des chiens craintifs souffraient de troubles au niveau de l'appareil locomoteur. Il suffirait de changer certaines habitudes de vie pour y mettre fin.

Le saviez-vous ?

Chez le chien, 60 % du poids est réparti sur les antérieurs et 40 % sur les postérieurs. Les os grandissent plus vite que les muscles, les cartilages de croissance sont une zone très vulnérable et les blessures et/ou problèmes de santé peuvent apparaître de façon précoce.

- *Les maux physiques* : pour ces chiens, il s'agissait d'affections de la colonne vertébrale tant au niveau de la musculature que de l'appareil osseux. La plupart des chiens avaient parallèlement des lésions multiples. Certes, un problème de dos peut être secondaire à une autre affection, une blessure ou une anomalie de la colonne vertébrale. Mais l'étude s'en tient aux causes mécaniques des muscles et du squelette telles que la perturbation et/ou la perte de l'équilibre de l'animal, qui implique une tension subite d'un ou plusieurs groupes musculaires. Grâce à cette étude, nous nous interrogeons donc sur les activités et le matériel que nous devons choisir avec soin et bienveillance pour nos chiens.
- De fait, **bouger, jouer et s'adonner à certains sports ne sont pas des activités sans risque.** À titre d'exemple, les chiens d'utilité, de travail, de sauvetage et d'agility sont concernés par les problèmes musculosquelettiques. On peut également ajouter à cette liste non exhaustive le jeu avec une balle, un frisbee, le tir à la corde, l'excitation lors d'interactions avec des congénères : durant ces pratiques, l'appareil moteur de l'animal est fortement sollicité. Il peut entraîner des blocages d'articulations, des problèmes de muscles, de tendons et de colonne vertébrale. Page 60, j'explore plus longuement les jeux que l'on peut proposer sans risque à son chien.

COMPRENDRE LES BESOINS DU CHIEN

- Avec ma méthode d'éducation canine, je vous propose de mieux comprendre **les interactions entre chiens** et, par voie de conséquence, **les réels besoins** de votre compagnon. Notre manque de temps au quotidien pour balader nos chiens génère une culpabilité dont nous cherchons à nous défaire par l'achat de jouets inadaptés ou en lançant la balle en croyant que notre chien s'est dépensé. En réalité, vous avez excité votre chien qui, s'adonnant à cette activité, n'aura exprimé aucun de ses besoins sensoriels essentiels.

- Or, votre chien **a besoin de se balader** dans des endroits nouveaux et inconnus, d'observer, d'explorer, de s'adapter à la nouveauté, d'interagir avec l'environnement, avec des humains inconnus et des bruits, d'avoir des interactions avec ses congénères et de se faire des copains, d'apprendre à partager (les flaques d'eau, les odeurs...). Son plus grand bonheur est d'être avec vous, et peu importe ce que vous faites.

- Un enfant de cinq ans entend 11 fois par jour le mot « oui » et 121 fois le mot « non ». Alors imaginez ce qu'il en est pour nos chiens ! Repensez vos réactions en proposant une alternative à l'interdiction pure et simple.

Mon conseil : vous pouvez nommer l'action attendue au lieu de dire « non ». Par exemple, si votre chien pose ses pattes sur la table, vous pouvez lui demander de descendre : « Tu descends de la table ? » S'il ne coopère pas, insistez en le verbalisant : « Tu descends de la table OU tu vas dans le couloir tout seul ? »

Zoom sur l'apprentissage social

Cela consiste à observer la figure d'attachement – c'est-à-dire la personne qui s'occupe du chien, sa personne de référence – pour faire quelque chose à son tour.

MON EXPÉRIENCE

Pendant que j'écris ce livre, mes trois chiens (Maestro, neuf ans, mâle de race flat coated retriever, Fidelia, deux ans, et Shamane, six mois, toutes deux femelles de race eurasier) sont dans mon bureau à leur place de choix. Je les regarde, ils sont apaisés. Sans dressage, sans conditionnement, ils se sont couchés. En m'observant, ils savent rester calmes dans cette pièce dédiée à l'écriture. Il est étonnant de voir que les chiens que j'accueille durant quelques jours adoptent généralement le même comportement et que, si ce n'est pas le cas, mes chiens se chargent de leur montrer l'exemple... Une évidence d'intelligence, de prise d'initiative, d'apaisement et d'apprentissage social.

Un individu unique

L'homme et le chien partagent une histoire multimillénaire, ils ont toujours été liés. Ces dernières années, grâce aux recherches scientifiques, un nouveau regard se porte sur cet animal en tant qu'individu. Au fur et à mesure que nous acceptons sa sensibilité, sa conscience, son empathie et ses capacités cognitives, nous réinventons de nouvelles façons d'être en lien avec lui. Un bénéfice mutuel apparaît, chacun apportant des ressources à l'autre.

UNE RELATION RICHE ET PRIVILÉGIÉE

- L'attachement au chien apporte quelque chose que nos semblables ne peuvent pas toujours nous donner. Et notre relation avec chaque chien sera unique. Le chien familier occupe une place privilégiée dans notre société. Il est même devenu **un partenaire** pour l'éveil, la pédagogie et l'accompagnement éducatif. Il est donc un être signifiant, une figure d'attachement qui favorise le développement, une figure de sécurité affective, une ouverture sur le monde, voire **un tuteur de résilience**.

S'ADAPTER À CHAQUE INDIVIDU

- Vivre avec un chien est **une aventure riche et complexe** à laquelle nous pensions être préparés, mais au final nos attentes correspondent rarement à la réalité. Après les premiers jours de plaisir qui suivent son arrivée, nous pouvons être confrontés à de grosses surprises.

- La plupart du temps, nous essayons de faire ce qui nous a été conseillé par les professionnels canins (vétérinaire, éleveur, éducateur formé, diplômé ou non, comportementaliste, vendeur d'animalerie, assistant vétérinaire, refuge), puis par les bénévoles des associations comme le moniteur du club canin, de l'école du chiot, la famille, les voisins. Et puis il y a le fameux « non », qu'on nous a expliqué devoir dire avec fermeté. Ces conseils ne font qu'aggraver les choses.

- Pourtant, sans nous en rendre compte, nous avons **beaucoup de difficultés à répondre aux besoins** de notre compagnon. Nous sommes surpris de nos propres réactions devant cet être dont nous ne comprenons pas tous les agissements. Bien sûr, nous savons aujourd'hui que frapper, humilier et faire peur ne constituent pas une méthode efficace pour l'apprentissage. Si on effraie un chien, il sera sidéré et pas en mesure de comprendre ce que l'on attend de lui. De plus, les conséquences à long terme sur sa santé, son comportement, sa capacité à être en relation avec les autres humains, les chiens et son environnement sont clairement négatives. Mais nous manquons parfois de connaissances pour faire autrement.

- L'éducation d'un chien est bien plus complexe qu'il n'y paraît : c'est pourquoi vous avez le droit de **demander du soutien et de l'aide**. Le comprendre et en avoir conscience, c'est déjà aborder le début du chemin qui vous permettra de vous « ajuster » et vous adapter face aux comportements de votre chien. Choisissez avec grande précaution votre éducateur canin et comportementaliste.

- Chaque chien, en fonction de son tempérament, sa race, son vécu, aura des besoins qui diffèrent. **Seul un professionnel formé à une méthode éducative respectueuse et bienveillante pourra vous conseiller.** Par ailleurs, chaque être sensible, quel qu'il soit, possède un **réservoir affectif**, le chien n'y fait pas exception. Il faudra également **combler ses besoins** – y compris en matière d'attention et de contact – pour qu'il soit coopératif.

Le bien-être en priorité

Un réservoir affectif vide et des besoins non comblés peuvent amener le chien à se conduire de manière agressive et à développer des comportements gênants.

Ses émotions

Les chiens ressentent des émotions semblables à celles des humains : les résultats de nombreuses recherches obtenus grâce au progrès de l'imagerie médicale montrent qu'ils ont un niveau de sentience (capacité à éprouver un sentiment) équivalent à celui d'un enfant.

LE CHIEN ET SES ÉMOTIONS

- Les émotions s'enracinent dans l'espace affectif et sensoriel, la motricité et les relations. Indicateurs essentiels de la connaissance de soi, elles sont liées à nos besoins mais aussi à celles de notre chien. Une émotion, c'est de **l'é-motion : de l'énergie en mouvement** (*motion* signifiant « mouvement » en anglais).
- Les chiens aiment qu'on leur parle comme on le fait avec les enfants. Ils entendent la **prosodie** – l'ensemble des modulations subtiles de l'expression verbale, de l'intonation ou du rythme. Cela leur permet de nuancer le sens, l'intention ou l'émotion de nos mots. Voici les émotions communes à l'humain et au chien.

Ses émotions	Ses perceptions	Ses besoins
Peur	Menace	Sécurité de la part de l'humain, liberté, espace...
Colère	Obstacle	Changement
Dégoût	Répulsion	Manifestation (fuite, rejet, se mettre en sécurité...)
Tristesse	Perte	Acceptation, initiative d'action, de réconfort, de contact physique...
Joie	Accès possible	Partager, être en lien
Surprise	Inattendu	Évaluer, comprendre

LES ÉMOTIONS, UN ACTEUR DE LA MÉMOIRE

- Les émotions ont **des effets sur la mémoire**, aussi bien positifs, comme la joie, que négatifs, comme le dégoût. Mais toutes **participent à la mémorisation** d'un souvenir : de son encodage (attention) en passant par sa consolidation (stockage), jusqu'à sa restitution.

- Si les émotions sont trop violentes, alors les effets sont néfastes et la mise en mémoire est perturbée. Quand le chien subit un choc émotionnel, la sidération ne lui permettra pas de faire un apprentissage qui se tienne sur le long terme.

- Vous comprenez alors aisément à quel point nous devons **être extrêmement vigilants** sur nos méthodes éducatives. Rappelons qu'un stress chronique amène des troubles de la mémoire, des difficultés d'apprentissage et de concentration, et qu'il diminue le volume de l'hippocampe. Or, cette partie du cerveau joue un rôle important dans l'apprentissage et la mémoire.

SOIGNER LE MAL-ÊTRE... OUI, MAIS COMMENT ?

- Les émotions sont de l'énergie. Dans le monde moderne occidental, on cherche à **contrôler**, voire à étouffer, les émotions, d'où la consommation d'antidépresseurs pour les chiens ! Aux États-Unis, une étude publiée par la firme de recherche Packaged Facts conclut que 8 % des propriétaires de chiens et 6 % des propriétaires de chats auraient donné des antidépresseurs à leur animal de compagnie l'année qui a précédé. La France étant l'un des plus grands consommateurs d'antidépresseurs pour l'humain, une nouvelle étude en 2022 pourrait révéler des chiffres surprenants pour les chiens...
- On peut même trouver des croquettes estampillées « *calm* » pour chiens anxieux : une nourriture industrielle qui aurait un effet calmant sur la gestion des émotions... Il semble plutôt nécessaire de comprendre la réponse adaptative du chien pour agir en profondeur, car ces « pansements » cacheront la plaie mais seule la cicatrisation permet de guérir. Le plus efficace des médicaments est d'enseigner comment ne pas en avoir besoin.

SAVOIR ACCEPTER SES ÉMOTIONS

- Une décharge émotionnelle, aussi désagréable soit-elle, dure environ deux minutes. Accepter l'émotion, c'est accepter cette décharge de quelques minutes. Le chien le fait très bien tout seul. Les émotions considérées comme « négatives », telle la peur, doivent-elles être absolument réconfortées par de la nourriture ? Et si oui, quelles en sont les conséquences ? Avez-vous reçu un bonbon après une piqûre chez le médecin, quand vous étiez enfant ? Le bonbon atténue-t-il vraiment la peur et/ou la douleur ? Quel est votre rapport aujourd'hui au sucré lors de certaines émotions ? Je vous demande d'adopter la même réflexion avec le chien.

- Ma méthode éducative consiste à **apprendre au chien à mieux gérer ses émotions**, à les réguler pour pouvoir s'adapter le mieux possible. Mais un chien **a le droit d'être en colère, d'avoir peur**. Et son seul apaisement doit être la présence de son humain d'attachement, qui représente sa sécurité. Il n'a pas besoin d'un leurre pour le détourner et l'obliger à ne pas voir, regarder, analyser, mesurer la situation. Pourquoi avons-nous recours à ces rapports de force destructeurs, à des outils de dressage et des leurres en tout genre qui nous empêchent de voir réellement ? J'ai moi-même utilisé des friandises avant d'arriver à prendre conscience que je ne faisais pas appel à l'intelligence émotionnelle du chien.

La nocivité du sucre

Les scientifiques ont démontré que chez des rats adolescents, l'accès illimité à une solution sucrée produisait à l'âge adulte une baisse de la motivation, une augmentation des comportements de types anxieux et de l'immobilité dans le test de la nage forcée. À cela s'ajoutait une diminution de la neurogenèse (génération de nouveaux neurones) dans l'hippocampe.

S'il fallait conclure : il m'est difficile d'admettre que nous avons besoin d'expérimenter et donc de faire souffrir des espèces animales pour pouvoir justifier et argumenter des idées.

- J'ai donc parcouru un long chemin de **remise en question** et de questionnements pour réfléchir à ce que je pouvais proposer en restant alignée avec mes valeurs et ma passion pour l'intelligence et les qualités cognitives de ces animaux. J'en suis donc arrivée à la conclusion que je n'avais qu'à **les regarder pour mieux les comprendre**, **mieux les entendre, mieux les lire** et arrêter de les trahir en voulant agir sur eux avec des moyens détournés et des conditionnements mensongers.

Un cas concret : comment ai-je pu croire que mettre mon chien en position assise sur la table du vétérinaire facilitait sa tolérance aux soins ? Mes trois chiens s'installent comme ils le souhaitent, et tout se passe pour le mieux. En effet, peu importe leur position pourvu qu'ils soient coopératifs.

Mon conseil : quand l'un de mes chiens est sur la table du vétérinaire pour un soin, j'appose mes mains sur son épaule et je lui offre une caresse réconfortante et apaisante, lente, accompagnée de ma voix qui explique tout ce qui ce passe et ce que j'attends de lui dans sa coopération. Chaque individu est différent et n'aura pas les mêmes besoins aux mêmes moments, mais **la sécurité est un besoin universel**.

- Nous souhaitons les mêmes choses : mettons tout en œuvre pour partager avec nos chiens une existence facile et agréable. Je souhaite qu'il existe un **partage social** avec votre chien, une **synchronisation émotionnelle** qui amènera une **montée des affects positifs** : ouverture, disponibilité à l'autre, plaisir à vivre ensemble et sentiment d'unisson.

LA RÉGULATION ÉMOTIONNELLE

- Le chien exprime ses émotions par des comportements, des aboiements, des vocalisations, des gémissements, des menaces et des signaux de communication. Grâce à son humain de compagnie, il va apprendre à les gérer, à les moduler, vers ce qu'on appelle la **régulation émotionnelle**.

- C'est une compétence qui va s'acquérir dans l'environnement grâce à des expériences avec les autres chiens et les humains, connus ou inconnus. Savoir ce que l'on peut laisser faire ou non lors de ces interactions et comment intervenir, c'est le rôle de l'éducateur canin et comportementaliste : il vous montrera et vous apprendra comment faire en fonction de qui est votre chien.

- Une carence dans la capacité à réguler ses émotions peut amener le chien à de l'agressivité ou à l'inverse à s'inhiber. Il est important d'intégrer l'apprentissage émotionnel dès la première année du chiot – même si rien n'est jamais figé et peut toujours évoluer avec un programme adapté et individualisé.

Home sweet home

Pour que votre chien puisse aller vers l'autre (qu'il soit chien ou humain), s'intéresser à lui et communiquer, il doit se sentir en sécurité physique et affective. Ce cadre sécurisant (humain d'attachement, environnement, famille) est la condition du développement de l'empathie. Montrez-lui votre affection chaque jour en lui parlant, en le caressant. Le partage relationnel et émotionnel est essentiel.

LE CHIEN ET L'EMPATHIE

- L'empathie existe notamment chez les animaux dits sociaux, qui vivent en groupe. Elle est **nécessaire aux interactions sociales.** Les chiens sentent, ressentent, éprouvent. Leur vie est en effet, tout la comme la nôtre, rythmée par des expériences émotionnelles.

- Chaque jour, je vois les chiens faire preuve d'empathie envers leurs congénères, mais aussi envers les humains et parfois envers d'autres espèces. Le manque d'autonomie et l'ultra-conditionnement peuvent nous priver des réelles compétences d'empathie de nos amis canins. Ils aiment nous plaire et nous faire plaisir. Pourtant, bien souvent, nous ne leur permettons pas de prendre des initiatives et interprétons mal leurs comportements.

MON EXPÉRIENCE

Lors d'un atelier organisé avec des enfants autistes et atteints du syndrome d'Asperger, mon chien Maestro a montré un comportement totalement inhabituel avec l'un des enfants, qu'il avait pourtant déjà rencontré. Maestro souhaitait comme l'immobiliser. Il procédait sans aucune agressivité mais, le connaissant, je me suis immédiatement alertée. J'ai demandé à ce que l'enfant soit vu par un médecin. Il était l'un des tout premiers cas de COVID-19. Mon chien a souhaité me communiquer une information et savait qu'il pouvait le faire, que je serais réceptive.

Voici un autre d'exemple d'empathie de Maestro, cette fois-ci envers une congénère, Tatoo, femelle eurasier de 2 ans. Elle vivait alors à Paris et était terrorisée par la ville. En sa compagnie, Maestro marchait à ses côtés et l'attendait avant de traverser. Quand il s'éloignait d'elle pour aller explorer, il revenait près d'elle et attendait que ce soit elle qui vienne se coller de nouveau à lui. Avec bienveillance, il a apporté son aide sans que je lui demande quoi que ce soit.

COMPRENDRE LE CHIEN, SON MONDE, SA PERCEPTION

- Un chien non préparé à la vie de l'humain se retrouvera en réelles difficultés. Plutôt que de penser un monde unique, laissons place à une pluralité de mondes différents associés et au sein desquels évolue une multiplicité d'êtres.

- Nous pouvons nous référer aux travaux du biologiste et philosophe Jakob Von Uexküll, qui considère que **l'animal a son propre monde et sa propre perception de son milieu** – l'Umwelt. Êtres de culture au développement cognitif important et varié, les chiens nous surprennent et décloisonnent eux-mêmes les limites que nous leur imposons. Nos idées bien arrêtées sur la nature sont, par là même, complètement chamboulées, bousculant de ce fait les normes que nous pensions évidentes et non interrogeables.

- Le chien est **capable de s'adapter** à toutes les situations et à tous les changements de la vie, s'il sait gérer la frustration et ses états émotionnels. Par exemple, croiser un congénère quand il est attaché implique un apprentissage car, dans le monde du chien, cette laisse qui le retient n'a aucun sens. Lui apprendre la propreté est un apprentissage indispensable pour un confort de vivre ensemble et d'hygiène mais pour le chien, cela n'a pas de sens. Nous sommes gênés lorsque notre chien renifle l'entrejambe des personnes qui arrivent chez nous. Pourtant, c'est à cet endroit qu'il peut recueillir tous les renseignements dont il a besoin (état de santé de l'individu, ce qu'il a mangé, etc.).

- Lorsque nous faisons une balade ensemble, nos perceptions seront différentes : notre chien sera plongé dans un **monde olfactif**, il pourra identifier quel chien, quel humain est passé à tel ou tel endroit, il pourra même laisser des messages à ses congénères en urinant ou en grattant le sol, par exemple.

Repenser ses réflexes

Nous – moi la première ! – empêchons nos chiens de manger des excréments lors de balade. Et pourtant, dans sa perception du monde, c'est le mets le plus succulent qui soit !

L'intelligence

Les chiens comprennent mieux les comportements sociaux que les autres animaux. C'est ce qu'indique Gregory Berns, de l'université d'Emory aux États-Unis, suite à ses observations. Stanley Coren, psychologue et chercheur, déclare pour sa part que ces animaux ont une intelligence moyenne équivalente à celle d'un enfant de deux ans et demi. Pour parvenir à ces résultats, des IRM et des expériences comportementales ont été menées sur des chiens.

AVANT TOUTE CHOSE : QU'EST-CE QUE L'INTELLIGENCE ?

- **L'intelligence** désigne la capacité d'un individu à s'adapter le plus rapidement à une nouvelle situation, agréable ou non. Cela implique aussi sa capacité à réguler ses émotions et son temps de récupération. Il existe plusieurs « types » d'intelligence, nous allons en aborder trois dans les pages suivantes : l'intelligence émotionnelle, l'intelligence collective et l'intelligence adaptative.

L'histoire de Wattana

Wattana est une femelle orang-outan vivant en milieu captif depuis l'âge de trois ans à la Ménagerie du Jardin des plantes. Elle est capable de faire des nœuds à partir de morceaux de corde présents dans sa prison. Elle semble avoir appris en observant son soigneur faire ses lacets de chaussures. Ses capacités motrices, son intelligence d'observation et ses capacités cognitives lui permettent de reproduire ce geste. Nous pourrions nous questionner sur cet apprentissage volontaire causé par l'ennui et qui en dit long sur la captivité des animaux mais – hélas ! – nous restons seulement ébahis par sa capacité à reproduire un comportement similaire à l'humain.

L'INTELLIGENCE ÉMOTIONNELLE

- C'est la capacité à percevoir, maîtriser, exprimer et décoder nos émotions et celles des autres.

- Pour un apprentissage maximum, les chiens ont tous leurs sens en éveil quand ils vous regardent faire ou qu'ils regardent leurs congénères faire. Faisons de même : regardons-les faire. Les chiens nous parlent, écoutons-les ! Ils apprennent de nous, nous apprenons d'eux. Cette sensibilité, cette perception de l'autre, demande une intelligence d'observation de tous les sens.

- Dans le monde animal, la communication sociale assure la transmission d'informations et permet **la coordination** des comportements dans le groupe. Nos chiens sont des êtres spontanés, dotés d'intelligence relationnelle et d'intelligence affective qu'ils nous démontrent quand ils se sentent sécurisés et soutenus dans notre relation. **N'avez-vous jamais entendu ce conseil** : ne pas prendre un chiot dans les bras quand il est en difficulté (s'il est apeuré face à une nouveauté, par exemple) ? Je pense que pour certains individus, et selon leur tempérament, il peut être bénéfique de **les prendre dans nos bras sécurisants**. Étonnant ? Surprenant ? Innovant ? Il est possible que cette idée déclenche des critiques, des jugements, voire la colère de certains professionnels.

- C'est aussi cela, cultiver avec la systémie : pas de fiches recettes, pas de plans établis, juste **une adaptation du vivant à du vivant**, suivant qui est ce chien. Le groupe dans lequel vit notre chien, notre système, notre famille constituent en réalité sa niche sensorielle. Elle se doit d'être **structurée et structurante, organisée et stable** pour pouvoir être **sécurisante**. Dès lors que cette niche sensorielle est désorganisée, le chien peut produire des comportements anxieux mais adaptatifs se traduisant par des destructions, de la malpropreté, des aboiements intempestifs, de l'agressivité... Le chien ne produit jamais un comportement sans raison.

Le saviez-vous ?

L'intelligence émotionnelle est la capacité à comprendre et à gérer ses émotions. Les compétences contribuant à l'intelligence émotionnelle sont l'autorégulation, la motivation, l'empathie et les compétences sociales.

L'INTELLIGENCE COLLECTIVE

- C'est la capacité d'un groupe à réaliser des tâches ou à résoudre des problèmes plus efficacement que chaque individu pris isolément. Ce modèle peut parfaitement s'adapter aux interactions entre les chiens et les humains auxquels ils sont attachés.

- Certains chiens ne sont pas capables de s'adapter à notre quotidien, car nous n'arrivons pas à combler leurs besoins. Cette difficulté les amène à développer des **stratégies adaptatives** pour survivre dans des conditions inadaptées.

- Lorsque nous parlons des difficultés rencontrées avec les chiens, nous commençons souvent par dire : « Mon chien à un problème car il produit tel comportement. » Nous devrions reformuler ainsi : « **Le comportement de mon chien me pose un problème** ». Notre méconnaissance, nos certitudes, nos croyances, notre culture ou encore notre système éducatif nous amènent à penser que le seul et unique fautif, c'est lui. Par exemple, un chien de race berger malinois laissé seul toute la journée dans un jardin, privé de ses deux balades journalières (minimum) en liberté permettant des rencontres, manquera de stimulations. Cela expliquera nombre de potentiels « problèmes ».

- Rappelons que les jeux (voir p. 60) ne constituent pas une activité d'intelligence collective. Un chien apprécie nous faire plaisir et nous aider au sein de notre groupe social. Il serait dommage de limiter nos chiens à ce type d'activités, eux qui ont de telles capacités cognitives. Pensez au chien de famille en balade qui aide les humains, qui vient séparer ou apaiser des conflits sans jamais avoir reçu un apprentissage à ce sujet. Si on le laisse exprimer des comportements et prendre des initiatives, il trouvera sa place à nos côtés.

En pratique

Afin de développer une intelligence collective avec votre chien, créez une ambiance favorable, un environnement où chacun se sent confiant et autorisé à proposer des choses, c'est encourager l'entraide entre les membres de la famille.

- Les refuges sont saturés, des chiens estimés « dangereux » sont même euthanasiés, mais c'est notre méconnaissance (tant dans les milieux professionnels que dans les familles) qui a créé cette dangerosité. Tout ceci doit changer, et le changement se doit d'être novateur, courageux et d'amener à la responsabilisation et au bon sens. Allons vers **des chiens adaptés à nos vies,** choisissons-les pour leurs qualités comportementales et non pour leur esthétique, leur taille, leur âge ou pour l'idée que nous nous en faisons. De même, le chien de votre enfance est unique, il n'en existera pas deux identiques. Reprendre la même race ne vous garantit pas de le retrouver.

Anec-dog

Les chiens ont des capacités cognitives extraordinaires. On connaît tous l'histoire d'un chien de famille qui avertit de dangers domestiques, d'un autre qui a empêché un enfant de s'approcher d'une piscine, d'un autre encore qui a aboyé pour alerter d'une fuite de gaz ou d'un démarrage de feu... Il y a aussi ce chien qui a senti de façon insistante une zone de votre corps pour signaler un problème de santé et celui qui a apaisé un conflit...

- Lorsqu'on évoque l'intelligence collective et le rôle essentiel des interactions, il faut bien y inclure le langage oral. De fait, **les chiens comprennent les mots,** mais aussi **les phrases** et **nos intonations**. Nous pouvons donc leur parler normalement et avoir des discussions avec eux. On nous a assez répété par méconnaissance que les chiens étaient limités à ne comprendre que quelques mots, toujours les mêmes, et qu'il n'était pas utile de faire des phrases. C'est totalement faux ! Je vous invite à l'expérimenter vous-même dans votre quotidien, ce que vous faites certainement déjà. Alors cessons de culpabiliser les propriétaires qui parlent à leur ami canin. Comment pouvons-nous avoir dans nos foyers ce chien familier et ne pas lui accorder la compréhension du sens des mots que nous lui adressons, qui plus est **chargés de nos émotions**, de **nos intentions,** de **notre conviction** et de **notre détermination** ? Enrichissons nos chiens en nous adressant à eux amicalement et avec respect.

L'INTELLIGENCE ADAPTATIVE

- L'intelligence adaptative, c'est s'adapter à la nouveauté le plus rapidement possible pour pouvoir survivre physiquement et psychologiquement. Un chien n'a pas d'autre choix que de s'adapter au changement. Or, il n'est pas rare d'entendre que les chiens n'ont « qu'un seul maître » au cours de leur vie ou au quotidien. Si c'était vrai, aucun ne pourrait être adopté dans les refuges !

- Et tout le monde n'a pas la même flexibilité neurologique, cette flexibilité qui permet de s'adapter au changement. Accéder au système de bien-être nécessite un entraînement.

Essayez à la maison

Adaptez votre comportement pour obtenir la coopération de votre chien. Une coopération positive et efficace ainsi qu'une communication constructive sont indispensables pour un binôme humain-chien optimal. **Responsabilité, appartenance, solidarité :** vous et votre chien êtes acteurs de cette coopération. Vous serez en lien pour la pratique de la régulation des comportements et des états émotionnels *de* chacun, *pour* chacun, *avec* chacun, en formant une magnifique équipe. De vrais partenaires de vie. Offrons au chien une libre exploration éducative.

Le cerveau est un muscle

Tout comme l'humain, le chien a besoin de stimulation intellectuelle pour apprendre et être heureux.

MODIFIER UNE MAUVAISE HABITUDE

- Saviez-vous qu'il faut **deux à huit mois pour modifier une habitude** ? Et il faudra quatre réussites d'affilée pour avoir confiance en soi. L'entraînement sert à apprendre et non à tout réussir. **L'apprentissage est une succession d'essais et d'erreurs :** la recherche de la réussite et la répétition servent à ancrer les acquisitions.

- Nous vivons avec le chien, une espèce différente de la nôtre, et nous lui demandons de s'adapter à nos vies sans connaître ses besoins réels. Quand bien même nous sommes épargnés par des comportements indésirables, nous en sommes *a minima* à devoir gérer ce que nous considérons comme des comportements « gênants » ! Mais ces comportements ne posent problème qu'aux propriétaires, ils ne dérangent en rien le chien – même s'ils sont un symptôme d'un mal-être et une façon de s'adapter à une situation. Notre devoir est d'amener nos animaux a du mieux-être, du mieux vivre-ensemble.

LES CONSÉQUENCES PSYCHOLOGIQUES

- L'isolement et la privation sensorielle et affective sont de véritables agressions neurologiques avant même d'être des agressions psychologiques. Les images cérébrales le prouvent. Cela signifie que tout être vivant privé d'altérité présentera un cerveau marqué par un fort déficit de stimulation. Si cela perdure dans le temps, on verra même apparaître des atrophies cérébrales.

- **La négligence affective peut avoir de fortes conséquences neurologiques** : nous devons apporter de l'attention et du temps à nos chiens et faire attention à entretenir la qualité de nos interactions. De fait, la confiance n'est pas innée, elle se développe en fonction de son environnement que vous devez enrichir par des expériences au quotidien.

- L'empathie et la bienveillance que nous témoignons à nos chiens ne font pas partie d'une méthode, ce sont les comportements que nous devons adopter tous les jours. Le chien a une **hypervigilance du corps humain**, des mimiques et de la prosodie de nos mots pour savoir et connaître nos intentions. Son cerveau travaille donc en permanence.

- Le cerveau n'a pas pour but de rendre heureux. C'est donc un effort que **d'apprendre à être heureux et à rendre heureux**. Le changement, donc la nouveauté et la progression, fait augmenter de nouveaux neurones alors que la routine les détruit. Proposez de la nouveauté à vos chiens. Dès qu'un chien est sécurisé, il a le plaisir d'apprendre et il améliore ses performances.

Essayez à la maison

La formule pour muscler le cerveau de son chien :
nouveauté de lieux
+ prise d'odeur (exploration)
+ pouvoir du choix dans ses rencontres
ou dans le parcours de balade
= neurogenèse (nouvelles connexions).

CE QUE LES NEUROSCIENCES NOUS ENSEIGNENT

- La protection des ressources avec le propriétaire apparaît souvent quand le lien d'attachement commence, c'est-à-dire quand tous les besoins physiologiques et le besoin de sécurité du chien sont comblés (l'attachement seul ne suffira pas à régler les problèmes !).

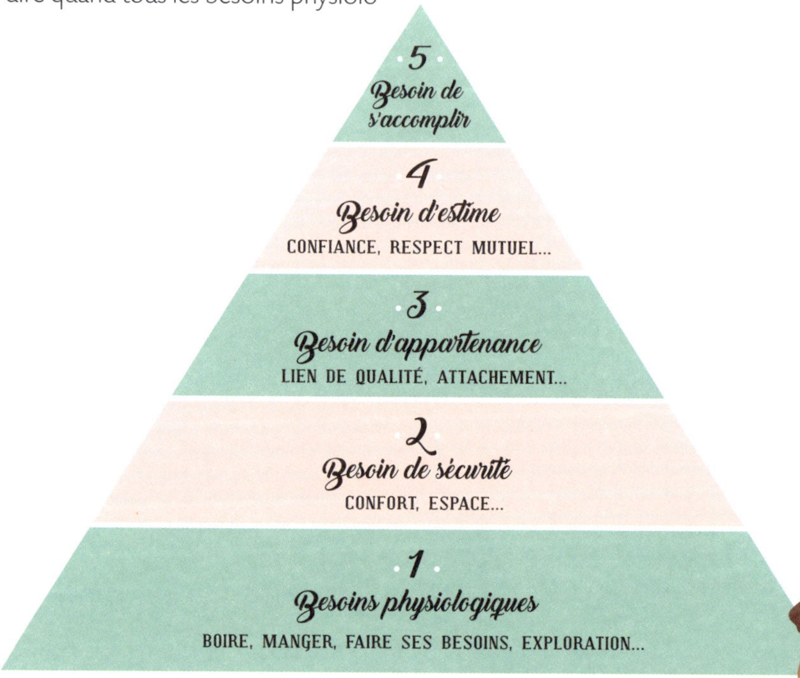

Un besoin vital de contacts physiques

Des études montrent que les contacts tactiles sont bénéfiques au développement social et affectif, et que les effets sont également visibles au niveau de l'ADN. Il faudrait douze câlins par jour de 30 secondes chacun pour l'humain (nous comprenons alors notre besoin de contact tactile avec le chien) ! Il serait donc important de pouvoir apporter ce besoin aux chiens présents dans les refuges et à ceux hospitalisés chez les vétérinaires. Cessons aussi de culpabiliser les propriétaires qui donnent du contact à leur animal. Toutefois, une caresse ou un regard donné au mauvais moment peut renforcer, de façon involontaire, un comportement non souhaité.

VIVRE LE MOMENT PRÉSENT

- Si nous sommes en mesure de tout ressentir, nous sommes capables de tout réussir. Pour se relier au chien, il nous faut parvenir à **créer une commune carte du monde**. *Pour l'humain* : une tête avec des pensées, un cœur avec des émotions et un corps qui se met en action. *Pour le chien* : un cœur avec des émotions et un corps qui se met en action.

- Placez votre attention sur le présent comme le fait le chien, car **le présent nous rend résilient** et nous aide à maintenir un équilibre émotionnel.

  Prenons un exemple concret : votre chien a été malpropre en votre absence mais a été très amical avec les chiens rencontrés en balade. Votre cerveau essaiera de rester sur votre mécontentement concernant la malpropreté, et votre agacement se fera ressentir lors de la sortie. *Mon conseil* : soyez pleinement heureux du comportement adopté au parc, que votre chien soit amical avec ses congénères. C'est une qualité à souligner. Libérez votre cerveau pour vivre le moment présent avec votre chien, qui le ressentira dans votre non verbal. *Pourquoi ?* Mon chien souhaite me faire plaisir, alors sa motivation interne fonctionne à long terme. À l'inverse, une motivation externe (tel un leurre) ne sera pas durable. N'oubliez pas que le chien a un cerveau avec des milliards de neurones qui se développent au cours de sa vie : vous pouvez faire en sorte de lui apprendre toute sa vie !

Une émotion à la fois

Le cerveau ne peut pas ressentir deux émotions en même temps. La surprise est toujours prioritaire sur les autres : si mon chien est en colère mais qu'un copain chien arrive, sa surprise l'emportera sur sa colère.

OPTIMISEZ LE FONCTIONNEMENT DE SON CERVEAU

- Nous passons aujourd'hui jusqu'à 25 % de temps en moins au contact de la nature qu'il y a vingt ans. Prendre une pause dans ses activités quotidiennes, même de quelques minutes, pour entrer en contact avec la nature, améliore l'**endurance mentale** et la **performance cognitive**.

- Les études démontrent en effet qu'après avoir passé un moment dans un endroit boisé ou un espace naturel, les scores aux tests de mémoire et d'attention augmentent de 20 % . Marcher dans une rue très fréquentée, en revanche, n'offrirait aucun avantage d'ordre cognitif. Et cette « pause nature » n'a pas besoin d'être longue, elle peut même être très courte.

- Toujours selon les recherches, les immersions en pleine nature offrent de grands avantages pour notre créativité et la résolution des problèmes. Par exemple, des étudiants qui ont été placés, pour les besoins d'une étude, quatre jours dans la nature, déconnectés de toute technologie, ont vu leurs résultats à un test de résolution de problèmes multipliés par deux.

Objectif ? La joie !

La joie est la seule émotion que le cerveau essaie de reproduire en permanence : le bonheur est le temps accordé à la joie.

- Mais les effets positifs ne s'arrêtent pas là. La nature améliorerait également notre humeur, notre générosité, et plus encore. Voici donc une merveilleuse démonstration de tous les bienfaits que les balades avec nos chiens nous apportent au niveau cognitif. Et ces balades apportent les mêmes effets à nos chiens ! Offrons-leur ce besoin essentiel quotidien et offrons-nous par la même occasion cet équilibre.

- Il est important de tenir compte des neurones miroirs. Il s'agit de neurones très spécifiques qui permettent d'**apprendre des comportements par observation et par empathie.** Ils ne se manifestent pas uniquement en fonction de l'action, mais en fonction de l'action et de son intention. Leur nombre varie en fonction des stimulations. Or, dans une société où nous empêchons nos chiens d'aller vers les autres chiens ou vers les gens, leur nombre diminue.

Zoom sur la coopération positive

La coopération positive, c'est comprendre la logique relationnelle et s'ouvrir à la perception du monde de notre chien ainsi qu'à sa carte mentale. C'est s'engager dans une logique de collaboration.

Vivre, c'est apprendre : actualisez vos connaissances

Idées reçues, méconnaissance et conséquences

« Il nous faudra bien répondre à notre véritable vocation qui n'est pas de produire et de consommer jusqu'à la fin de nos vies mais d'aimer, d'admirer, et de prendre soin de la vie sous toutes ses formes. » Pierre Rabhi

L'ERREUR DE CASTING, UNE SOUFFRANCE DANS LA RELATION

- J'aime souvent dire que j'aurais souhaité avoir une vie pour apprendre et une autre pour faire ce que j'ai appris. Mais voilà, je n'en ai qu'une donc j'accepte mes erreurs, mes apprentissages, mes remises en question et je continue de faire de mon mieux chaque jour. La culpabilité ne permet aucun retour en arrière donc je vous propose de laisser ce sentiment de côté et d'avancer ici, maintenant et aujourd'hui pour **construire et tisser la relation** qui se joue avec votre chien.

- Parmi les propriétaires qui ne se font pas accompagner par un éducateur canin et comportementaliste dans le choix de la race de leur chien, nombre d'entre eux peuvent faire une « erreur de casting », qui s'avérera source de souffrance dans la relation. Cela peut avoir de graves conséquences sur leur quotidien, au sein de leur famille, ainsi que pour le futur de l'animal.

- Par exemple, s'engager à accueillir un chien de la race beagle (chien courant de chasse), c'est s'exposer au risque d'avoir un chien présentant des difficultés au rappel ou qui peut hurler à la mort si l'apprentissage de la solitude n'a pas été correctement réalisé.

- Sans généraliser, il faut reconnaître que **certaines problématiques reviennent plus souvent chez des races en particulier**. Cela peut survenir si les propriétaires n'ont pas été bien guidés ni bien informés. De même, le choix d'un chien dans un refuge ne doit pas s'effectuer sur une photo ou sur un critère esthétique, mais doit être fondé sur ses qualités comportementales. **Apprenons à choisir le compagnon qui est adapté à nos modes de vie**.

HALTE AUX IDÉES REÇUES !

Idée reçue n° 1 : il faut prendre un chiot quand les enfants sont petits.

Attention : avoir un chiot quand on a des enfants en bas âge peut s'avérer une expérience très pénible tant pour les enfants (mordillés) et les parents (débordés) que pour le chiot, mis à l'écart de la vie de famille pour éviter les « problèmes » liés à sa période orale (c'est une phase de découverte durant laquelle il met tous les objets en gueule).

Idée reçue n° 2 : pour garantir la propreté durant la nuit, je retire sa gamelle d'eau à partir de 18 heures.

Ce n'est pas en le privant d'eau que la propreté sera plus rapide. Cela peut provoquer des problèmes rénaux. Vous courez également le risque qu'il souffre par la suite de potomanie – consommation d'eau en grande quantité.

Idée reçue n° 3 : je dois faire manger mon chien après moi !

Votre chien peut manger *avant* vous sans aucune conséquence sur son comportement. Au contraire, un chien repu sera plus calme pendant votre repas.

Idée reçue n° 4 : mon chien a peur chez le vétérinaire, mais pour qu'il s'habitue, je ne dois pas le rassurer !

C'est faux : un chien qui a peur doit être soutenu et aidé. Toutefois, il est important de comprendre que la peur, la douleur, la difficulté à tolérer des contraintes ou manipulations peuvent amener de l'agressivité. Ce comportement ne doit pas être renforcé par son humain. La présence d'un éducateur et comportementaliste devrait être prévue chez le vétérinaire.

Idée reçue n° 5 : mon chien n'a pas le droit de monter sur le canapé, sinon il risque de me dominer.

Un chien apprécie le confort et la chaleur du canapé, s'il ne se l'approprie pas et que vous êtes d'accord avec le fait qu'il monte dessus, vous pouvez lui en autoriser l'accès.

Idée reçue n° 6 : mon chien ne doit manger que ses croquettes, rien d'autre !

S'il n'a aucune contre-indication médicale, le chien peut manger en quantité raisonnable une nourriture variée et équilibrée.

Idée reçue n° 7 : je ne dois pas aller voir mon chien lorsqu'il pleure la nuit.

Si votre chiot vous appelle la nuit, c'est qu'un besoin physiologique se fait ressentir. Vous pouvez vous lever et lui proposer une sortie hygiénique.

RÔLE ET LIMITES DU CONDITIONNEMENT

- **Un apprentissage social n'est pas un conditionnement**. Un conditionnement demande au chien d'exécuter une action ou un comportement sans qu'il tienne compte de l'ensemble de l'environnement. ***Voici un exemple*** : je suis en balade avec mon chien, qui se promène en liberté. Auprès de moi se trouve un groupe d'autres chiens. Je rappelle mon ami canin. S'il est conditionné au rappel, il ne réfléchit pas : pour me rejoindre, il avance en courant vers moi, sans dévier sa trajectoire et se retrouve face au groupe, ce qui peut être mal accueilli. À l'inverse, s'il a eu la possibilité d'acquérir des compétences par apprentissage social, il déviera naturellement sa trajectoire pour arriver en courbe vers le groupe et ralentira son allure en s'en approchant.

- **Conditionner son chien avec des friandises, par exemple, n'amènera pas une éducation de qualité**, pire, cela peut-être une source de stress au final. Pour Robert Lustig, endocrinologue américain, nous confondons deux choses : plaisir et bonheur. Le plaisir est de courte durée, matériel et solitaire. Le plaisir à l'extrême peut mener à l'addiction – à des substances ou à des comportements. Au contraire, le bonheur est lié aux interactions sociales de qualité.

- **La quête des plaisirs entrave alors la quête du bonheur**, et cela s'explique scientifiquement. Les plaisirs déclenchent la production de dopamine, laquelle stimule le circuit de récompense et peut engendrer des addictions.

- La sérotonine, quant à elle, est responsable du sentiment de contentement, de plénitude. Au contraire de la dopamine, elle ne rend pas « accro ». Elle est un inhibiteur et non pas un excitant. Elle ralentit les neurones au lieu de les stimuler. Le problème, c'est que plus vos neurones produisent de dopamine, plus votre niveau de sérotonine risque de baisser. **En d'autres termes, plus vous recherchez du plaisir, plus vous serez malheureux**.

Soyez patients

Lorsqu'on demande à quelqu'un des changements trop brusques, il peut s'y opposer ou entrer en résistance, car l'inconnu est inconfortable. C'est pareil pour les chiens. En matière de comportement, la patience est la règle.

VIOLENCE PHYSIQUE ET VERBALE, UNE BANALITÉ NORMÉE

- **Charlie Chaplin a dit** : « Le pouvoir ne sert que si vous voulez faire quelque chose de négatif, sinon l'amour est suffisant pour faire tout le reste. » De fait, il ne faut pas confondre le cadre et la violence. Apprendre à son chien à ne pas tirer en laisse, c'est le cadre. Lui apposer un collier coercitif est une violence – le choix du collier est un sujet sensible et extrêmement important, que je développe p. 73.

Essayez à la maison

Aujourd'hui, nous savons que les facteurs environnementaux peuvent modifier positivement ou négativement l'expression des gènes, de façon durable, par des mécanismes dits « épigénétiques ».

Cela inclut la qualité et la quantité de l'alimentation, un manque d'affection ou d'activité physique, un manque de relations de qualité et plus généralement le stress chronique – à différencier des pics de stress inévitables dans l'existence de tout être. Nous avons donc le pouvoir d'agir sur ses gènes en améliorant la qualité de vie de notre chien !

LES JEUX ET LEURS CONSÉQUENCES

Jeux	Recommandé	Déconseillé	Conséquences comportementales (liste non exhaustive)	Risques pour la santé (liste non exhaustive)
Balle **(voir aussi p. 68)**		X	Prédation, poursuite, excitation, addiction, possessivité, n'explore pas, ne rencontre pas.	Risques de blessures des articulations : les ligaments et les muscles sont soumis à des tensions importantes (sauts, réceptions, chocs, freinages, torsion du corps...). Les gestes répétés vont peu à peu user le système locomoteur du chien. Les sols glissants, trop durs ou rocailleux vont également avoir un impact physique. La balle de tennis aura aussi un effet sur l'usure de la dentition.
Bâton **(voir aussi p. 68)**		X	Risque de recherche de bois à détruire dans la maison (meubles), prédation, poursuite, excitation, addiction, possessivité, n'explore pas, ne rencontre pas.	En plus des risques locomoteurs des jeux de lancer énumérés ci-dessus, risque de blessures au niveau du palais ou de la bouche du chien.
Corde		X	Risque de recherche de matière équivalente (canapé, lacets de chaussures, tapis, laisse), excitation, possessivité, addiction, n'explore pas, ne rencontre pas.	En plus des risques locomoteurs des jeux de lancer énumérés ci-contre, risque d'avaler des franges de la corde, problème de dentition et douleurs cervicales.

Jeux	Recommandé	Déconseillé	Conséquences comportementales (liste non exhaustive)	Risques pour la santé (liste non exhaustive)
Pouic-pouic et autres jouets sonores **(voir aussi p. 68)**		X	Risque de recherche de plastique à détruire, excitation, addiction, possessivité, confusion du son dans l'environnement (le pouic-pouic renvoie à une proie qui crie).	En plus des risques locomoteurs des jeux de lancer énumérés ci-contre, risque d'avaler des morceaux de plastique.
Tapis de fouille		X	Risque de recherche de miettes dans le canapé, ou autre, et donc risque de destruction.	Risque d'avaler des morceaux de tissu ou de caoutchouc.
Jouets de la marque Kong à mastiquer	X On y insère un aliment de type pâtée, puis on place le kong au congélateur. On retire l'aliment après utilisation.		Pour éviter l'excitation, la poursuite et l'addiction, ne pas le lancer.	Le choisir en adéquation avec la puissance de la mâchoire du chien. Tous les produits proposés peuvent constituer un risque, même minime. Aucun ne peut garantir 100 % de sécurité. Il est d'ailleurs toujours recommandé de les proposer sous surveillance.

Jeux	Recommandé	Déconseillé	Conséquences comportementales (liste non exhaustive)	Risques pour la santé (liste non exhaustive)
Jouets mous		X	Encourage à mordiller, excitation addiction, possessivité.	En plus des risques locomoteurs des jeux de lancer énumérés p. 60, risque d'avaler des morceaux de plastique.
Sabots de veau	X			Tous les produits proposés peuvent constituer un risque, même minime. Aucun produit ne peut garantir 100 % de sécurité. Il est d'ailleurs toujours recommandé de les proposer sous surveillance.
Corne de buffle	X			Tous les produits proposés peuvent constituer un risque, même minime. Aucun produit ne peut garantir 100 % de sécurité. Il est d'ailleurs toujours recommandé de les proposer sous surveillance.
Bois de cerf tombé et ramassé après la période de rut	X			Tous les produits proposés peuvent constituer un risque, même minime. Aucun produit ne peut garantir 100 % de sécurité. Il est d'ailleurs toujours recommandé de les proposer sous surveillance.

Jeux	Recommandé	Déconseillé	Conséquences comportementales (liste non exhaustive)	Risques pour la santé (liste non exhaustive)
Peluches		X	Risque de prendre les peluches des enfants, excitation, secoue comme pour tuer sa proie.	En plus des risques locomoteurs des jeux de lancer énumérés p. 60, risque d'avaler des morceaux de tissu ou de rembourrage.
Tug ou jeu de traction		X	Risque d'encourager la traction, de tirer sa proie, excitation, risque d'encourager la possessivité. Matière similaire dans l'environnement. Ne prend plus en compte son environnement.	En plus des risques locomoteurs des jeux de lancer énumérés p. 60, risque d'avaler des franges de la corde, problème de dentition, douleurs cervicales.
Nourriture à rechercher dans la maison		X	Risque de recherche en l'absence du propriétaire et destructions, excitation, risque de possessivité de ressources, risque de creuser dans le canapé.	Risque d'ingérer des choses non comestibles si destructions. Risque de chutes ou de faire tomber des objets lourds pour avoir accès à certains endroits.
Bouteille d'eau en plastique		X	Risque de recherche de bouteilles en absence du propriétaire, bruit du plastique excitant.	Risque d'ingérer des morceaux de plastique.

Jeux	Recommandé	Déconseillé	Conséquences comportementales (liste non exhaustive)	Risques pour la santé (liste non exhaustive)
Chaussure usée		X	Risque d'apprendre au chien à se saisir de toutes les chaussures.	Risque d'ingérer des morceaux de la chaussure.
Jeux dits « d'intelligence »		X	Risque de conditionnement car il n'y a plus de réflexion à partir de la deuxième utilisation. Excitation, risque d'agressivité redirigée si mauvaise gestion de la frustration, risque de possessivité.	Risque de se blesser en voulant ouvrir frénétiquement le jeu.
Slalom		X	Le leurre alimentaire est souvent utilisé, chien qui suit et ne regarde que la main pour obtenir la friandise, addiction possessivité, ne regarde plus son environnement, n'explore plus.	Risque de blessure aux épaules et au dos qui prend une forme de S, mouvements répétitifs de torsion du dos.
Frisbee		X	Prédation, poursuite, excitation, addiction, possessivité, n'explore pas, ne rencontre pas.	Risques locomoteurs des jeux de lancer énumérés p. 60.

Surexciter son chien, un frein dans l'apprentissage

Comprenons ce qui se joue dans cette situation : plus il y a d'excitation, plus le chien sera enclin à être excité et plus il sera difficile de le calmer.

UNE PRIORITÉ : LE CALME

- La plupart des comportements indésirables se produisent quand le chien est en état d'excitation tandis que les **comportements souhaités se produisent en état de calme.** Prenons pleinement conscience de notre responsabilité en réfléchissant aux conséquences sur le long terme de nos choix éducatifs. Si on souhaite que notre chien ait des capacités optimales d'apprentissage et de raisonnement, son organisme doit donc se trouver dans un état apaisé.

- En effet, l'une des hormones du stress, le cortisol, abîme l'hippocampe (pour être schématique, il s'agit de la partie du cerveau où se situe la mémoire). Le cortisol ralentit – voire empêche – la formation de nouveaux neurones. Cela signifie que les capacités d'apprentissage sont réduites. **Rappelons que les effets dus au cortisol peuvent durer des heures, des jours, voire des semaines,** même si le cortisol lui-même reste environ six heures dans l'organisme.

- **L'épuisement physique ne doit pas être confondu avec le calme**. Un chien épuisé peut dormir alors que son organisme est dans un état de stress très important, suite à un jeu à la balle qui l'aura surexcité, par exemple.

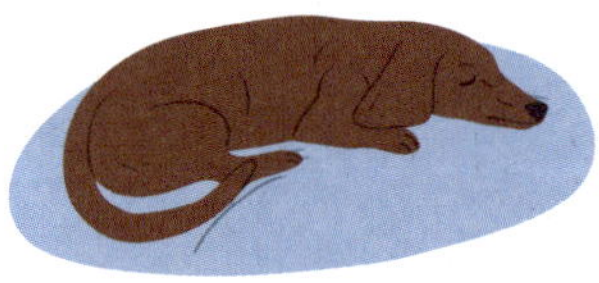

- J'imagine l'étonnement de certains d'entre vous à la lecture de ces lignes. Vous allez peut-être vous demander à quoi cela « sert » d'avoir un chien si on ne peut pas jouer avec lui ? C'est une phrase que j'ai beaucoup entendue ! Je vous laisse le soin d'y porter une véritable réflexion personnelle. L'éducation canine ***autrement*** a pour rôle de vous amener à réfléchir à tous les choix que nous faisons pour nos chiens. Cela nous amène à comprendre qu'avoir un chien, c'est avoir un compagnon qui partage notre quotidien et qui peut nous apporter si l'on prend seulement le temps de répondre à ses besoins réels. L'excitation en fait-elle partie ?

- **Le calme est un comportement naturel** : vous ne verrez pas de chiens errants aussi excités que nos chiens vivant à la maison. C'est **le milieu qui a donc un impact** sur l'individu (qualité de la nourriture, de l'eau, de l'air et des interactions sociales, activité physique, gestion de situations stressantes...). Nos chiens, qui souhaitent nous apporter satisfaction, obtempèrent facilement aux jeux qu'on leur propose. La démarche de départ est louable : le propriétaire souhaite faire plaisir à son chien ou craint qu'il ne s'ennuie. Mais vous serez le compagnon parfait si vous proposez des **balades calmes** et mettez des **activités masticatoires** à disposition. Si vous lisez ce livre comme un guide, vous y verrez un mode d'emploi simple, plein de bon sens et facile à appliquer dans le quotidien, qui construira et structurera un chien calme au sein de votre famille. La plus grande difficulté sera de gérer les commentaires de votre entourage, qui jugera par méconnaissance.

LES JEUX À BANNIR EN INTÉRIEUR ET EN EXTÉRIEUR

- **Les jeux de balle et les lancers de bâton**

La situation : comme on l'a vu précédemment, on choisit ce genre de jeux en pensant qu'il est nécessaire que le chien se défoule, ce qui est faux. Il fait avant tout plaisir à l'humain, qui passe du temps avec son chien. *Le risque* : ce type d'activité peut rendre le chien possessif et obsessionnel avec sa balle ou un bâton, il n'est pas rare de constater des conflits dans les parcs où les chiens jouent à ce type de jeux. Lors de leur sortie, certains refusent d'entrer en interaction avec d'autres congénères et n'explorent plus leur environnement, car leur seule attente est que l'humain lance le jouet ! En ville, vous avez besoin d'un chien qui ne soit pas réactif aux mouvements (joggers, cyclistes...). C'est pourtant ce que le jeu de balle peut déclencher chez certains chiens au quotidien. Et vous le punirez ensuite pour un comportement que vous aurez vous-même mis en marche ! *Mon conseil* : il faut rester cohérent. Il est préférable d'opter pour une balade dans le calme.

- **Les jouets sonores et les pouic-pouic**

La situation : le chien à tendance à s'acharner sur ce type de jouets et à les secouer dans tous les sens. Ils lui font penser que sa proie crie et le font donc monter en excitation. Le chien est un prédateur qui peut se montrer efficace. Toutefois, dans nos vies urbaines, nous n'avons pas besoin de ces qualités-là et il est nécessaire de ne pas les activer. D'autre part, les peluches sont des doudous pour enfants : le chien n'a aucunement besoin de ce type d'objet pour aller bien.
Le risque : tous ces objets excitants peuvent avoir des conséquences négatives sur l'intégration du chien en société mais aussi dans la vie de famille. *Mon conseil* : un chien a besoin d'activité masticatoire (une heure en moyenne par jour pour un chien adulte). Proposez-lui des os à mâcher naturels de bonne qualité.

Un chiffre

Courir pour chercher un bâton fait monter le rythme cardiaque du chien jusqu'à 210 pulsations par minute !

Des solutions aux problèmes

Le partage de connaissances et d'expériences pour éveiller les capacités et enrichir les compétences est un axe majeur pour trouver des solutions, ou du moins des éléments de réponse, aux problèmes.

MES EXPÉRIENCES

Histoire n° 1. *Un de mes clients avait un chien, Éros. Ce croisé bouledogue français de douze mois ne cessait de prendre sa laisse en gueule lors des balades. Il avait des douleurs à cause de son harnais qui n'était pas adapté à sa morphologie, ce qu'il essayait de communiquer en prenant sa laisse. Après quelques séances d'ostéopathie et un changement de matériel, ce comportement a totalement disparu. Les professionnels précédents avaient sanctionné le comportement d'Éros mais aucun d'eux n'avait essayé de le comprendre. Il fallait prendre le temps de l'observer et, surtout, de l'écouter.*

Histoire n° 2. *Princesse, fox terrier de 6 ans, détruisait le canapé et la porte d'entrée en l'absence de sa propriétaire. En installant une chaise à proximité du canapé permettant à Princesse de regarder par la fenêtre, les destructions ont complètement pris fin.*

Histoire n° 3. *Pablo, petit chien croisé d'1 an provenant d'un refuge, était malpropre la nuit uniquement. Je lui ai installé une veilleuse, et la malpropreté à disparu. Il avait besoin d'être rassuré.*

Histoire n° 4. *Vanille, femelle de race golden retriever de quinze mois que je connais depuis ses trois mois, s'est mise à détruire le mur près de son couchage dans la salle à manger. Elle présente ce comportement depuis un mois, en cas d'absence des propriétaires, mais pas systématiquement. Pourtant, rien n'a changé dans les habitudes de cette famille. J'ai demandé des analyses médicales : il s'est avéré que Vanille avait une giardiose, maladie fréquente qui touche l'appareil digestif du chien, plus particulièrement ses intestins, et qui implique des douleurs. Après un traitement, tout est rentré dans l'ordre.*

Les conclusions que je tire de ces différentes expériences ? Qu'il faut vérifier la santé et agir sur le milieu dans lequel le chien évolue. Il a besoin d'être compris et non dressé !

LAISSER SON CHIEN S'EXPRIMER

- Il semble important d'adopter une communication bienveillante pour cet individu familier avec qui nous partageons nos vies, pour cet être « sentient » (qui ressent), capable de déchiffrer des intentions lors d'interactions avec ses congénères et avec son humain de compagnie. Ce sont des comportements qu'il propose de lui-même sans que jamais on ne lui ait appris, juste en observant son environnement et comment l'humain y agit ! Cela signifie qu'il utilise son sens de l'observation et de l'analyse, mais aussi qu'il prend des décisions grâce à des capacités cognitives indiscutables. **Tous les chiens sont dotés de ce potentiel,** encore faut-il lui laisser la possibilité de l'exprimer.

Le matériel à bannir

« La patience n'a l'air de rien, mais c'est pourtant une énergie », a dit Voltaire. La France doit progresser dans sa conception du respect animal, qui passe par le choix d'un matériel adapté. Certains pays ont franchi le pas en interdisant l'usage et la vente de colliers de type coercitif, appelés abusivement « colliers d'éducation » ou « sanitaires ».

NE PAS CONFONDRE CADRE ET BRUTALITÉ

- Malheureusement, du matériel coercitif est encore utilisé dans les milieux associatifs (refuges, clubs canins) ou professionnels (par des éleveurs, des éducateurs canins et comportementalistes). Les lieux qui ont recours à ces méthodes sont parfois même recommandés par des vétérinaires. Pourquoi avoir besoin d'établir un rapport de force avec les chiens ? **L'usage de la violence n'est-elle pas synonyme d'un manque de compétence ?**

- Ne confondons pas les **limites,** qui offrente un cadre, les **règles bienveillantes** et la violence pure et simple. Ne pas être violent physiquement avec un chien ne veut pas dire le laisser tout faire. Pour un vivre-ensemble agréable, il sera nécessaire de le guider, de lui apprendre, de l'amener à coopérer, d'utiliser ses compétences et les nôtres pour tisser une relation de respect et d'écoute mutuels.

LES COLLIERS DE DRESSAGE À EXCLURE

- **Colliers à pics, étrangleurs ou torquatus**

Ce sont des colliers étrangleurs, avec ou sans pointes, qui se resserrent autour du cou du chien lorsqu'on tire dessus. Ils provoquent des douleurs que le chien associe ensuite à son environnement (aux passants, à ses congénères...), avec des conséquences agressives dues à la peur. Or, un chien qui se sent agressé ou menacé répondra à son tour par les mêmes attitudes (mais lui le paie de sa vie quand il y a morsure dans la société humaine !).

- **Colliers électriques**

Ils ont des conséquences neurologiques irréversibles. D'autre part, le chien peut faire une association indésirable comme : « j'aboie (pour avertir d'un danger, comme une personne arrivant devant la maison) = je reçois une douleur. » L'association entre la douleur et la présence humaine peut amener, à terme, de l'agressivité lors de l'arrivée de visiteurs.

- **Caisse de transport**

Beaucoup de professionnels conseillent de laisser le chien à l'intérieur d'une caisse de transport lors des absences pour éviter les destructions et la malpropreté, en argumentant que c'est « la chambre du chien ». Or, le chien est une espèce sociale : **son seul souhait est d'être près de son humain**. Nous faisons d'ailleurs tout pour qu'il soit très près de nous (lors de nos balades par exemple, pensez aux laisses très courtes vendues en magasin). Mais quand nous partons travailler ou que nous sortons, là, nous voulons qu'il soit autonome et détaché de nous. **Quelle injustice faisons-nous subir à nos chiens par nos incohérences !** Une caisse de transport n'est pas une caisse d'éducation ou d'apprentissage, c'est une boîte dans laquelle le chien est en privation sensorielle et où il n'apprend rien – d'autant qu'il est une espèce sociale et grégaire appréciant la compagnie. Nous devons lui *apprendre* à rester seul plusieurs heures.

Quel espace vital pour nos chiens ?

L'espace minimal requis pour l'hébergement d'un chien est d'une surface de 5 m^2 et d'une hauteur de 2 m, selon les recommandations du ministère de l'Agriculture. Il faut donc apprendre au chien à rester seul chez nous, dans le calme. Cela passe par une éducation sécurisante qui prend compte de son bien-être et qui le rassure.

- **Laisses courtes**

Bannissons-les ! On nous vend des laisses de 90 cm ou de 1,20 m, mais comment notre chien peut-il explorer son environnement dans ces conditions ? Comment peut-il rencontrer un congénère sans générer de tensions sur cette laisse, qui va obligatoirement rendre les interactions plus difficiles ? Un chien se doit d'être **à l'aise dans ses mouvements et déplacements** ; il doit aussi pouvoir s'écarter si besoin. Un chiot qui fait son apprentissage avec une longueur bien gérée – les professionnels qualifiés peuvent vous y accompagner – va se développer et se structurer correctement.

Il apprendra ensuite à tolérer une longueur de laisse adaptée à la rue. Je vous conseille donc l'utilisation d'une longe, mais par n'importe laquelle : une longe spécifique par son utilisation. C'est le seul outil pédagogique que je propose : la longe de 15 m qui permet d'offrir une aire au chien équivalent à trois terrains de tennis ! À titre de comparaison, une laisse de 90 cm offre une aire de 2,5 m^2.

Quid des harnais ?

Ils sont permis, mais les épaules de l'animal doivent être libres de leur mouvement afin d'éviter des blessures. Je vous recommande un harnais en forme de H ou de Y, selon la morphologie de votre chien. À noter : un bouledogue français est souvent plus difficile à équiper, alors n'hésitez pas à prendre ses mesures et à vous rendre sur des sites spécialisés. Il est possible qu'une marque et une coupe de harnais de renommée ne conviennent pas à sa morphologie. Rapprochez-vous de votre éducateur canin et comportementaliste, il pourra vous renseigner.

CONSÉQUENCES DES COLLIERS DE DRESSAGE

Voici une liste non exhaustive de conséquences sur la santé des chiens des colliers étrangleurs (et assimilés) :

- **Problèmes de cervicales** : douleur, raideur, arthrose précoce, becs-de-perroquet, hernies discales.
- **Problèmes neurologiques** : ataxie (trouble de la coordination), perte de sensibilité ou hypersensibilité ; dans les cas extrêmes, paralysie suite à une atteinte de la moelle.
- **Problèmes digestifs :** fragilisation ou irritation de l'œsophage, défaut de sécrétion de salive entraînant une mauvaise digestion.
- **Problèmes respiratoires :** irritation ou déformation de la trachée, mais aussi atteintes du diaphragme.
- **Problèmes endocriniens (hormonaux) :** la thyroïde a un rôle dans de nombreuses fonctions du corps, notamment l'attention et l'agressivité. C'est ironique quand on pense que les colliers coercitifs sont utilisés pour régler ce genre de problématiques...
- **Problèmes musculaires :** tétanie, hypodéveloppement ou hyperdéveloppement des masses musculaires.
- **Mais aussi :** perforations de l'épiderme, lésions de la trachée et au niveau de la moelle épinière, augmentation de la pression intraoculaire, problème de déglutition...

Songez au principe d'unité du corps : une dysfonction entraînant généralement des conséquences dans plusieurs systèmes, on imagine facilement les répercussions sur l'ensemble de l'organisme !

MON EXPÉRIENCE

Un jour, j'ai entendu un professionnel dire du collier étrangleur qu'il avait mis à un chien : « C'est bon, il est sur une zone non douloureuse ! » Aurait-il accepté d'observer le résultat sur lui-même ? Dans le même esprit, j'ai également entendu : « Il faut savoir saccader le chien, ainsi, il n'aura pas mal ! »

Il existe donc un savoir-faire à infliger de la douleur et à devenir insensible ? Fuyez ces pratiques obsolètes. À retenir : n'acceptez jamais que votre chien soit seul lors des séances avec le professionnel. Votre présence est indispensable.

LA COMPRÉHENSION AVANT LE MATÉRIEL

- Et si, au lieu de remarquer ce qui nous gêne, comme le chien qui tire sur la laisse, nous nous demandions plutôt ***pourquoi*** il agit de la sorte ? L'éducation du chien demande un regard différent, des réflexions pour le comprendre, lui, ses émotions, ses actions et leurs conséquences. Parce que **comprendre, c'est déjà le début des solutions intelligentes.** Et c'est prouvé : dans le rapport d'étude de l'ANSES (Agence nationale de la sécurité sanitaire) sur les morsures, il est démontré que les chiens ayant reçu une éducation bienveillante sont bien moins agressifs. Alors posez-vous des questions et observez votre compagnon. Les réponses seront aussi nombreuses qu'il y a de chiens !

L'éducation canine nouvelle génération

Pas de dressage !

Le dressage et l'ultra-conditionnement permettent-ils de laisser une possibilité au chien de réfléchir ? Pourquoi ne pourrait-il pas comprendre ce qu'on lui demande ?

MISER SUR LA COMPRÉHENSION

- Que préférez-vous ? Un chien qui s'arrête avant de traverser sans comprendre pourquoi il le fait ou un chien qui s'arrête ou se décale quand il entend une voiture ?

- Voilà toute la différence dans ma méthode d'éducation canine : je souhaite que le chien **comprenne mes demandes** – pas qu'il suive des ordres. Quelle surprise incroyable de voir ma jeune chienne de trois mois refuser de traverser une rue après avoir entendu une voiture ! Depuis ses deux mois, je lui apprends à écouter et regarder les voitures lorsque nous nous approchons de la chaussée pour traverser. En un mois, elle est devenue capable d'analyser son environnement. Je ne lui ai pas appris cela avec des friandises, des jeux, des saccades sur son collier et encore moins des ordres.

- J'utilise l'**apprentissage coopératif et social,** je lui montre par mon comportement, je lui parle comme à un jeune enfant... Pourquoi pas, après tout ? Les capacités cognitives et de compréhension du chien sont celles d'un enfant en bas âge, alors pourquoi ne pas m'adresser à lui de la même façon ?

- Aimer mon ami canin, c'est le respecter : cela passe par les mots que j'utilise, le potentiel que je lui reconnais, ce que je peux lui apporter et lui enseigner, mais aussi par ce que *lui* peut m'apporter et m'enseigner.

« ASSIS ! COUCHÉ ! PAS BOUGER ! » : ON EN PARLE

- Grace Hopper l'a bien dit : « La phrase la plus dangereuse dans l'absolu est : nous avons toujours fait ainsi. » J'ai progressé dans ma pratique et mes connaissances, en cherchant sans cesse à cultiver mon aide bienveillante auprès des chiens et de leurs propriétaires. J'ai supprimé de ma pratique toutes les positions attendues dans l'obéissance. J'ai besoin de l'écoute et de la compréhension de mes chiens par un regard, une connivence, une posture non verbale ou une entraide quand nous sommes ensemble, tout en leur apportant apaisement, sécurité et autonomie.

- Ai-je vraiment besoin de donner des ordres à mon chien ? Quels sens ont ces ordres ? Je ne souhaite pas cette relation avec mon meilleur ami. **Je souhaite une relation basée sur de la confiance mutuelle, sur du partage**. Mon chien ne peut-il pas être calme en étant debout ? Pourquoi faudrait-il qu'il soit absolument couché ? Et si, sans ces ordres, les chiens ne réussissent pas à produire le comportement attendu, alors peut-être avons-nous un réel problème à les comprendre et à leur apprendre l'essentiel ?

- Pourquoi devrions-nous passer par une position physique imposée pour obtenir ce que nous souhaitons ? D'autant que si le chien refuse de coopérer, c'est en raison de sa morphologie, de son confort... voire même de la météo ! **Bien des paramètres vont entrer en ligne de compte dans son analyse pour s'asseoir ou se coucher**. Ainsi, certains petits chiens ne se coucheront pas dans l'herbe parce qu'ils ne veulent pas perdre leur champ de vision, alors que pour un grand chien, cela ne posera aucun problème.

- Nous devons donc remettre en question cette idée selon laquelle un chien qui obéit à des ordres est un « bon chien ». **Listons les objectifs indispensables d'éducation canine :**

- Ne pas mordiller, même pour le chiot.
- Pas d'agressivité envers ses congénères et les humains.
- Pas de destruction.
- Pas de malpropreté.
- Coopérer au rappel et à toutes les demandes en lien, comme l'appeler pour lui remettre sa laisse.
- Cohabiter avec les autres espèces de la maison, comme le chat.
- Ne pas sauter sur les humains dans la rue.
- Ne pas tirer en laisse.
- Savoir rester seul en notre absence.
- Pas d'aboiements intempestifs.
- Se laisser soigner et manipuler.
- Ne pas avoir peur dans son environnement.
- Savoir attendre quand on le lui demande.
- Ne pas quémander à table.
- Pouvoir aller avec lui partout (au restaurant, par exemple).
- Pouvoir le laisser en garde familiale.

- Pour réaliser les objectifs de cette liste dans la compréhension réelle de votre chien, il faudra **un réel investissement en temps** et **en attention,** avec l'aide d'un professionnel formé correctement. Mais posez-vous déjà cette question : en une journée, combien de fois faites-vous asseoir votre chien ? Vous est-il possible d'arrêter ? Il en va de même pour les autres positions d'obéissance. Mon chien ne me doit pas obéissance. En revanche, nous nous devons respectivement **écoute et respect**. Cette vision des choses va colorer votre comportement auprès du chien et vous amener à coopérer pour l'amener où vous voulez plutôt que de le forcer.

Essayez à la maison

Plus nous saurons comment nous agissons, mieux nous comprendrons comment le cerveau émotionnel de nos chiens fonctionne. Prenez le temps de vous observer vous-même, de comprendre votre comportement au quotidien et comment vous pouvez impacter le comportement de votre meilleur ami.

Le chien, acteur de son éducation

Un chien qui participe à l'éducation, qui a la possibilité d'exprimer, de réguler ses émotions pourra avoir une stabilité émotionnelle qui lui permettra de s'adapter très rapidement à des situations négatives.

AVOIR CONFIANCE EN LUI

- Le chien pourra se remettre bien plus vite d'expériences négatives s'il peut prendre des décisions, faire des choix quand cela est possible. Il saura **mieux gérer les situations de frustration**. La gestion de la frustration est un apprentissage indispensable **pour s'adapter à la solitude**, pour renoncer quand le propriétaire demande de ne pas prendre la nourriture sur la table du salon. Tous ces comportements nous semblent normaux et demandent, pourtant, **une réelle adaptation de la part de l'animal**. Le chien est une espèce opportuniste et détritivore. Pour accepter toutes nos règles sociales, il faudra qu'il puisse coopérer, analyser, comprendre, apprendre, généraliser, associer, écouter, respecter. Pour cela, il a besoin de **constance,** de **cohérence,** de **bienveillance,** d'**apprentissage gradué,** d'une **explication claire** et de **justesse et** de **justice**.

ET CONCRÈTEMENT ?

Par exemple, je veux apprendre à mon chien à ne pas prendre la nourriture sur ma table basse.

D'abord, il faut combler ses besoins : sa sortie hygiénique, une balade, son repas, de l'eau à disposition, un sabot de veau, un bois de cerf ou une corne de buffle à disposition pour combler son besoin de mastication.

Ensuite, je reste cohérent : je ne donne jamais rien à mon chien quand je suis à table. Je ne le laisse pas lécher les assiettes. Je pose sur ma table basse une assiette avec un aliment peu tentant pour lui (une madeleine, par exemple) au milieu de la table et je reste devant en lui demandant, s'il tente de se servir : « Tu le laisses ? C'est à moi. »

- **Attention !** Certains chiens souhaitent sentir et s'informer de loin. **Ne dites rien, attendez de voir son insistance et son rapprochement pour lui demander de renoncer à l'aliment.** Ayez des **attentes raisonnables**. Ne le caressez pas pour le féliciter car il va s'approcher de la table, or ce n'est pas ce que vous souhaitez.

- **Si votre attitude reste cohérente,** votre chien comprendra votre attente et ne s'intéressera plus à la nourriture sur la table. Vous pourrez ensuite augmenter la difficulté en vous éloignant de cet espace. Pas de cris, pas de coucher au panier, pas de conditionnement, une simple demande verbale comme on le ferait auprès d'un jeune enfant. Si votre chien est insistant, vous pourrez lui apprendre à choisir : « Tu le laisses OU tu vas dans le couloir tout seul ? » Vous pouvez placer une barrière en métal pour bébé et si votre chien ne coopère pas, vous le placerez calmement derrière cette barrière et vous recommencerez.

Une formule gagnante

Il vous faudra peut-être du temps pour que vous arriviez à exprimer, développer, affirmer, assumer cette nouvelle génération de l'éducation canine. Mais sans vous, rien n'est possible, sans vous les chiens ne pourront pas bénéficier d'une vie et d'une qualité de relation tant méritées.

REMETTRE EN QUESTION NOTRE CONCEPTION DE L'ÉDUCATION

- Prendre conscience que son chien ne perçoit pas et ne ressent pas la même chose que soi, présente un certain coût. Cela demande au même moment du **temps,** de la **réflexion,** de la **constance,** de la **cohérence**. Il ne faut pas hésiter à mettre de côté les remarques et le jugement obsolète de notre entourage. Entendre l'autre, le chien, cela implique **une remise en question de nos connaissances**, de nos croyances culturelles, de nos automatismes émotionnels, cognitifs, éducatifs, générationnels, afin d'ouvrir nos yeux et de regarder votre chien autrement pour le prendre en compte totalement. Offrons-nous de vivre avec nos chiens une connexion bienveillante et des échanges simples.

- Ce nouveau regard vous permettra de prendre un nouveau départ. Ce chemin est une vraie récompense en lui-même. Vous abandonnerez vos automatismes interprétatifs pour prendre le temps d'entendre et de voir cet autre, votre chien, celui-là, ici, maintenant. Vous apprendrez à vous écouter vous-même afin de pouvoir agir à partir de ce que vous choisirez d'être ensemble. Vous évoluerez avec lui, pour lui, ensemble.

Mantra

Viktor Frankl, neuropsychiatre, a dit : « Entre le stimulus et la réponse, il y a un espace. Notre pouvoir de choisir notre réponse est dans cet espace. Dans notre réponse se trouvent notre croissance et notre liberté. »

DES CONDITIONS DE VIE DE MOINS EN MOINS ADAPTÉES

- Il est très fréquent d'entendre que nos chiens présentent des troubles ou des problèmes de comportement. Vraiment ? Par exemple, un chien qui détruit vos affaires en votre absence a-t-il un problème de comportement ? Ou a-t-il une pathologie ? Est-il malade ? Je ne partage pas ce cheminement de pensée, le chien répond à une situation par un comportement. Il s'agit de détruire vos affaires, et ce comportement devient un comportement gênant pour vous. Or il s'agit d'une réponse à une situation à laquelle il n'a pas été préparé et non d'une volonté de vous nuire – l'apprentissage à la solitude n'a pas été fait, par exemple. Le chien n'est pas malade psychologiquement. Ce sont les **conditions de vie que nous lui proposons qui ne sont pas – ou plus – adaptées** à lui.

- En effet, nous passons moins de temps avec nos chiens, nous avons moins d'espaces verts pour les laisser s'ébattre librement, nous devenons paresseux et faisons moins de grandes marches avec eux. Les activités que nous leur proposons amènent des états d'excitation et de stress chroniques, états dont ils doivent se sortir selon notre bon vouloir. Or, nos chiens aiment la compagnie de leur humain. Ils aiment se balader librement avec nous, rencontrer, explorer, découvrir de la nouveauté et participer à notre quotidien. C'est pour cela que **les chiens doivent apprendre à s'ennuyer et à être calmes pour que le partage de nos vies soit simple**.

L'APPRENTISSAGE AU QUOTIDIEN

- L'éducation telle que je la conçois prend du temps et de l'énergie : **il est nécessaire de consacrer ce temps à votre chien au quotidien**, pas de manière sporadique pour faire du dressage. L'éducation se fait tous les jours, face à toutes les situations rencontrées dans la maison ou à l'extérieur. **L'éducateur canin et comportementaliste se doit de vous accompagner dans ces moments.** Parlez avec respect à votre chien, en vous adressant à lui comme à un ami. Par exemple, lorsque vous l'appelez : « Maestro, tu restes avec moi ? » et qu'il ***coopère***, il faudra le féliciter verbalement : « C'est bien ! Tu restes avec moi ! » Vous pourrez y ajouter une caresse de l'épaule vers le flanc.

- **Veillez à féliciter votre chien par la parole et/ou par une caresse** si l'action qu'il était en train de faire méritait d'être validée. Attention toutefois à ne pas féliciter des comportements non souhaités.

Exemple : mon chien aboie à la fenêtre. Je lui demande d'arrêter, il revient vers moi et je le félicite d'être revenu. Or, ce que je voulais c'était qu'il cesse d'aboyer. Pourtant, sans le vouloir, vous avez pris le risque de renforcer l'aboiement.

Mon conseil : ne faites pas de renforcement quand vous n'êtes pas certain du comportement que vous allez renforcer. Ce sera moins gênant que de renforcer un comportement non souhaité.

COMMUNIQUER PAR LE CORPS

- Nous abordons maintenant un point essentiel de ma méthode d'éducation. Les chiens lisent nos postures corporelles et utilisent les leurs pour communiquer. Faisons de même. **Notre corps est un pointeur**. Nous savons que les chiens tiennent compte de notre position et de nos déplacements. **Alors soyons attentifs à ce que nous validons – par mégarde, parfois – par notre gestuelle**.

Exemple : reprenons le cas du chien qui aboie à la fenêtre. Vous allez vers votre chien et lui demandez d'arrêter ses aboiements. Mais où vous trouvez-vous, à ce moment-là ? Près de votre chien ? Si l'expression de votre visage et votre ton montrent votre mécontentement, votre corps (ce pointeur) lui demande de rester là où il est, ce qui valide son comportement. Votre chien est donc incapable de comprendre votre message qui lui apparaît incohérent. Sans le vouloir, vous altérez votre relation et surtout votre chien ne vous voit pas comme une personne cohérente.

Mon conseil : montrez-lui ce que vous souhaitez avec votre gestuelle et votre corps qui est votre pointeur, en lui demandant de cesser d'aboyer et en vous éloignant de la fenêtre.

- **Le non verbal prend une grande place dans nos relations – canines et humaines**. Que ressent-on lorsque quelqu'un monte le ton en venant vers nous ? On peut avoir deux réactions différentes : s'approcher pour menacer l'autre à notre tour ou bien s'éloigner, fuir la confrontation. Pour le chien, il en est de même ! N'oubliez jamais l'importance du non verbal et soyez le plus cohérent possible dans vos postures et vos expressions. Votre chien vous fera d'autant plus confiance. **La seule et unique motivation de votre chien pour coopérer à vos demandes, c'est la qualité de votre relation.**

Le saviez-vous ?

Faites-vous assister de professionnels qualifiés et compétents que vous aurez sélectionnés avec soin (éducateur canin et comportementaliste, vétérinaire, ostéopathe, nutritionniste canin, masseur canin, toiletteur). À chacun sa spécialité, le travail d'équipe étant la clé du bien-être pour l'animal.

Ce qu'il faut retenir

1.
Mon chien est unique et évolue dans une systémie unique. Par conséquent, seul l'éducateur canin et comportementaliste pourra adapter son éducation.

2.
Je parle amicalement à mon chien. Je peux aussi lui faire part de mon mécontentement puisqu'il peut lire mes émotions et mes intentions.

3.
Je ne triche pas et ne lui mens jamais.

4.
Je considère que mon corps est un pointeur et je fais donc attention à ma gestuelle.

5.
Je le félicite avec mes paroles et mes caresses, sur un ton calme.

6.
Je lis ses signaux de communication.

7.
Je suis attentif au moment choisi pour le féliciter et au type de comportement que je choisis de renforcer chez lui.

8.
Je fais attention à mes déplacements.

9.
Je lui laisse le choix pour qu'il soit un acteur dans son éducation – autant que possible.

10.
Je vérifie la qualité et la quantité de nourriture journalière que je lui donne et me fais accompagner par un vétérinaire nutritionniste si besoin.

11.
Je vérifie sa santé et me fais accompagner par le professionnel adapté si besoin (vétérinaire, ostéopathe).

12.
Je fais appel à des professionnels du bien-être (toiletteur, masseur canin, promeneurs formés).

13.
Je lui propose des balades de qualité, sans aucun jeu de lancer ou d'excitation.

14.
Je comprends la différence entre un chien excité et un chien joyeux.

15.
Je comble ses besoins de nouveauté et d'exploration de nouveaux lieux.

16.
Je comble ses besoins de rencontres avec d'autres chiens.

17.
Je lui offre mon temps, ma disponibilité, ma présence.

18.
Je ne lui donne pas des ordres : je lui fais des demandes.

19.
Je suis sa figure d'attachement par notre qualité relationnelle.

20.
Je lui offre de quoi avoir une activité masticatoire à disposition avec des produits adaptés.

21.
Je lui offre du matériel adapté et plusieurs couchages confortables et adaptés à sa morphologie.

22.
Je lui offre les conditions pour un sommeil réparateur (une moyenne de 14 heures par jour).

23.
Je comprends sa capacité cognitive et lui offre de l'autonomie quand cela ne le met pas en danger.

24.
Je comprends son intelligence émotionnelle et affective. J'aligne mes pensées, mes émotions, mes paroles et mes actes.

25.
Je me vois comme l'humain de compagnie de mon chien, responsable de son bonheur.

26.
Je prends le temps de lui apprendre tous les apprentissages indispensables pour vivre dans une société humaine.

27.
Je comprends que mon chien n'est pas malade et n'a pas de pathologies médicales quand il produit un comportement adaptatif qui répond à une situation créée par l'humain.

28.
Je développe les capacités d'empathie de mon chien qui, en m'observant, me proposera son aide.

29.
Je le laisse prendre des initiatives et je l'écoute.

30.
Je n'oublie pas que je représente sa motivation première car il apprécie la sécurité que je lui offre, notre lien de confiance, de partage, de compréhension, de bienveillance, d'écoute et de respect.

Pour conclure

J'espère que ce livre rempli d'amour pour les chiens, les familles qui partagent leur vie et tous les acteurs attentifs au bien-être animal laissera une patte indélébile dans les cœurs.

Je sais que ce livre va possiblement générer des discussions : j'en suis ravie si cela permet de faire bouger les lignes pour les conditions de vie de ces animaux qui me passionnent, ces êtres de résilience, qui sont d'une force, d'une intelligence émotionnelle et d'une intelligence de communication exceptionnelles.

L'objectif de ce livre est aussi de changer la vie des familles qui subissent également des méthodes éducatives d'un autre temps d'une violence incroyable. Ma méthode d'éducation, positive et complice, est une méthode de bon sens. Rien ne peut se faire sans vous. Remettez sans cesse en question ce qui vous est proposé en vous laissant guider par l'amour que vous ressentez pour votre chien.

Tournez-vous vers des professionnels compétents et respectueux. Aucun professionnel, quel qu'il soit (vétérinaire, éducateur, comportementaliste, toiletteur) n'a le droit de violenter physiquement votre chien. Osez vous élever contre cela ! Vous seul pouvez résister ; chacun à son niveau peut faire quelque chose. C'est votre chien, vous avez aussi des droits, celui de comprendre, d'intervenir, de dire non et de dire stop si ce qui est proposé ne résonne pas en vous. Un titre ne donne pas le droit de tout, ni à tout : il donne le droit de conseiller et non de décider. J'espère pouvoir apporter de la lumière dans un contexte encore sombre à mon goût, mais je suis optimiste : grâce à vous, la lumière brillera.

> « **Les chiens communiquent : apprenons à les comprendre, à les entendre, à les regarder et surtout… à les voir.** »

Bibliographie

Sont cités dans cet ouvrage :

Gregory BATESON. Fondateur de l'approche systémique.

Dr Amber BATSON. Vétérinaire et chercheur comportementaliste canin.

David LEFRANÇOIS. Formateur de coach et neuro-scientifique.

Olivier HOUDÉ. Professeur de psychologie à l'Université Sorbonne-Paris-Cité.

Marily OPPEZZO. Chercheuse à Stanford.

David REBY. Professeur en éthologie à l'Université de Lyon Saint-Étienne.

Holly ROOT-GUTTERIDGE. Chercheuse à l'Université du Sussex.

Daniel SCHWARTZ. Chercheur à Stanford.

Jacques VAUCLAIR. Professeur de psychologie du développement de la psychologie comparée.

Netta WEINSTEIN. Chercheuse agrégée à l'Université de Reading.

Ouvrages et articles cités :

Agence nationale de sécurité Sanitaire. *Risque de morsure de chien*, 2020. www.anses.fr/fr/system/files/SABA2015SA0158Ra.pdf

Marc G. BERMAN. *The cognitive benefits of interacting with nature* [Thèse], 2009.

Marion COLEY. *La préparation physique du chien d'agility* [Thèse], 2012.

Boris CYRULNIK. *Des âmes et des saisons*, Odile Jacob, 2021.

Boris CYRULNIK. *Comment fonctionnent nos émotions ?* Philippe Duval, 2015.

Boris CYRULNIK, *Théorie de l'esprit chez les animaux*, conférence, 2016.

Vinciane DESPRET, *Coup d'œil animal,* documentaire, 2017.

Viktor E. FRANCK. *Découvrir un sens à sa vie,* J'ai Lu, 2013.

Anders HALLGREN. *Rückenprobleme beim Hund : Untersuchungsreport,* Animal Lear, 2003.

International Journal of Environnemental Research and Public Heath, 2017.

L. 214-6-1, L. 214-6-2 et L. 214-6-3, modifié le 2 décembre 2021, du code rural et de la pêche maritime, NOR : AGRG1407261A.

Karine Lou MATIGNON. *Révolutions animales,* Les liens qui libèrent, 2016.

Nathaniel MORRIS. *Does your pooch really need Prozac ?* The Washington Post, 2018.

Sandrine NATAF-OTSMANE. *Élever un chien en appartement,* Larousse, 2015.

Sandrine NATAF-OTSMANE, *« La méthode éducative familiale et réconciliante »* à lire sur le site www.chienchatmodedemploi.com

Allan et Barbara PEASE. *La réponse*, Pocket, 2018.

Anne-Sophie ROCHEGUDE. *Le savoir mérite d'être partagé,* Philippe Duval, 2017.

Yves ROSSETTI. *À la recherche de la réalité de l'autre*, conférence. Laboratoire(s) Art-Science, Saint-Priest, 2021.

Remerciements

Je dédie ce livre à mon équipe de clients de mantrailing (activité de recherche de personnes disparues), cette activité ouverte à tous les particuliers et à tous les chiens de tous âges et de toutes races que je pratique sans aucun leurre.

Je dédie ce livre à mon métier d'éducateur canin et comportementaliste, de formatrice et conférencière qui est ma passion, ma mission de vie et ma guidance, qui m'offre toute la sagesse et l'amour pour l'humanité quand elle s'avère solidaire et belle.

Je dédie ce livre à mes élèves formés, diplômés et certifiés, qui utilisent à 110 % ma méthode éducative.

Je dédie également ce livre avec tout mon amour à ma fille Cassandra qui mène avec brio des études de droit qu'elle utilise pour défendre le droit animalier. Quelle merveilleuse transmission et quelle fierté pour la maman que je suis. Je dédie ce livre à Djumba, le chien de race eurasier de Cassandra.

Je dédie ce livre à mon fils Kevin. Il n'y a qu'un amour profond, sincère, inaltérable, c'est l'amour d'une maman.

Je dédie ce livre à mes chiens qui sont à mes côtés aujourd'hui, mon grand Maestro à qui je dois beaucoup de mes remises en question, à mes deux femelles eurasier, Fidelia et Bébé Shamane, qui me font découvrir et apprendre encore et toujours.

Je dédie ce livre à tous les clients que j'ai accompagnés jusqu'à aujourd'hui. Merci pour votre confiance, merci à vos chiens de me rendre au centuple leur confiance.

Être en accord avec mes propres valeurs et mes convictions est essentiel pour trouver sens et équilibre. C'est ce que l'on appelle l'authenticité.

Vous, les chiens, je vous aime avec mon cœur, avec mon esprit. Et si mon cœur peut s'arrêter et mon esprit oublier, mon âme, elle, ne s'arrêtera et ne vous oubliera jamais. Vous ne m'avez rien promis et pourtant tout donné.

Direction de la publication : Isabelle Jeuge-Maynart et Ghislaine Stora

Direction éditoriale : Nathalie Viard

Édition : Maud Rogers, Marjorie Demaria

Direction artistique : Géraldine Lamy

Couverture : Véronique Laporte

Création graphique et mise en page : SKGD-Création

Fabrication : Émilie Latour

Crédits iconographiques

Toutes les images proviennent de © Shutterstock.

Les Éditions Larousse utilisent des papiers composés de fibres naturelles, renouvelables, recyclables et fabriquées à partir de bois issus de forêts qui adoptent un système d'aménagement durable. En outre, les Éditions Larousse attendent de leurs fournisseurs de papier qu'ils s'inscrivent dans une démarche de certification environnementale reconnue.

ISBN : 978-2-03-601310-0

Imprimé en Espagne par Grafo

Dépôt légal : juin 2022

330371/01 – 11049372 – avril 2022

PAPIER À BASE DE FIBRES CERTIFIÉES

LAROUSSE s'engage pour l'environnement en réduisant l'empreinte carbone de ses livres. Celle de cet exemplaire est de :
800 g éq. CO_2
Rendez-vous sur www.larousse-durable.fr